NORWEGEN

NORWEGEN

Fotografie Fritz Dressler
Hauke Dressler
Text Lothar Schneider

Bucher

Bildkonzeption: Axel Schenck, Fritz und Hauke Dressler
Lektorat: Rüdiger Dingemann
Graphische Gestaltung: Peter Schmid
Bilddokumentation: Ursula Binder
Herstellung: Angelika Kerscher, Sigrid Boegl

Haupttitel: Bei Leknes auf der Lofoten-Insel Vestvågøy

© 1990 by Verlag C. J. Bucher GmbH,
München und Luzern
Alle Rechte vorbehalten
Printed in Germany
ISBN 3 7658 0641 2

Inhalt

Lothar Schneider

Vom Land der Fischer, Fjordbauern und Jäger zur modernen Industrienation	6
Snorri Sturluson – Sagen und Legenden	13
Pietisten, Abstinenzler und Boheme	25
Norwegens Weg in die nationale Selbständigkeit	26
Peer Gynt und die Trolle	31
Der norwegische Sprachenstreit	32
Mit vollen Segeln ins Industriezeitalter	32
Das Königreich Norwegen heute	47

Anthologie

Abenteuer am Polarkreis – Reisebilder aus dem 19. Jahrhundert	65
Ferdinand Krauß' Nordlandfahrt im Jahr 1888	65
Friedrich Mehwald: Und weiter führt der Weg nach Norden (1858)	95

Lothar Schneider

Eine Reise vom Schärengarten an der Südküste bis zum Nordkap – Norwegen in Stichworten	137
Der Schärengarten	137
Die Hauptstadt am Oslofjord	137
Die Westküste – Heimat der Wikinger	138
Mittelnorwegen – Fjell und Vidda	146
Ostnorwegen – und «ewig singen die Wälder»	147
Jenseits des Polarkreises	149
Von Tromsø zum Nordkap	150
Die Finnmark – Land der Samen	154
Karte	155
Register	156
Quellen- und Bildnachweis	159

Vom Land der Fischer, Fjordbauern und Jäger zur modernen Industrienation

«Dieses Land, das trotzig schaut
meerumbrandet, bergumbaut
winterkalt und sommerbleich
kurzes Lächeln, niemals weich ...»

Bjørnstjerne Bjørnson, 1832–1910

Geologisch gesehen besteht Norwegen aus einer zerklüfteten Küste mit tief ins Land einschneidenden Fjorden und aus mit Gletschern überzogenen Gebirgen. Durch das Meer von Mitteleuropa getrennt, liegt es sehr weit nördlich, ein großer Teil des Landes befindet sich jenseits des Polarkreises. Nur der Golfstrom bewahrt Nordnorwegen vor dem ewigen Packeis und ermöglicht dadurch menschliches Überleben, das aber nur für hartgesottene Naturen.

Nach einer Legende über die ersten Norweger, freuten sich alle Lebewesen am Ende der Eiszeit, als die Gletscher schmolzen, über die Wärme und das frische Grün. Mit einer Ausnahme: Die Norweger nämlich packten ihre Skier und zogen nach Norden, dem Eis hinterher. Dieses tun sie auch heute noch, vor allem am Ende des Winters, wenn sie ins Hochgebirge zum Langlaufurlaub fahren.

Der Winter kündigt sich oft schon im September mit ersten Schneestürmen an, und ab November versinkt das Land in einer mehrmonatigen Dunkelheit. Es gehört viel Gelassenheit dazu, diese düstere Jahreszeit, die in nördlichen Landesteilen zur völligen Dunkelheit, zur Polarnacht wird, ohne psychische Schäden zu überstehen. Da kapitulieren selbst die Norweger, und viele versuchen, dem Winter wenigstens für ein paar Wochen in sonnige Gefilde zu entfliehen. Wahrscheinlich wird nirgends auf der Welt der Frühling so sehnsüchtig erwartet wie in Norwegen. Wenn sich die Sonne nach langer Zeit wieder blicken läßt, dann wird die einzige und sorgsam gehütete Flasche Sekt hervorgeholt, und man steigt hinauf auf einen Berg und begrüßt das Licht und die Wärme. – Ist die Sonne erst einmal da, dann geht sie auch nicht mehr so schnell wieder unter, dann scheint sie Tag und Nacht, und wer schlafen will, braucht dichte Vorhänge vor den Fenstern. Jetzt muß man auf Vorrat leben, denn der nächste Winter ...

In zahlreichen Romanen haben norwegische Schriftsteller das Leben in diesen klimatischen Extremen beschrieben, und ihre Schilderungen besaßen für mich eine besondere Anziehungskraft. Norwegen lernte ich zuerst im Lehnstuhl kennen, beim Lesen der Geschichten von norwegischen Bauern und Fischern. Da träumte ich mich zum verwitterten, abgelegenen Bauernhaus an einem schmalen Fjord: Es war aus rohen Balken gezimmert, und Gras wuchs auf dem Dach. Daneben der kleine Stall für die Kuh und die Ziege und das Vorratshaus auf einem Felsbrocken, in dem trockenes Fladenbrot auf Stangen aufgereiht war und das Schafffleisch von der Decke baumelte. Unten am Strand hingen an Gestellen die Fischernetze, und ein Stück Wiese, geschützt durch ein niedriges Steinmäuerchen, lieferte das Heu für den Winter. Zum Nachbarn im nächsten Fjordarm gelangte man nur mit dem Boot, der Weg übers schneebedeckte Gebirge war zu beschwerlich. Auch wenn man an hohen Feiertagen zum Kirchort fuhr, nahm man das Boot und kaufte dabei gleich noch im sogenannten «Landhandel» etwas Mehl und Zucker, vielleicht auch ein paar neue

Fischkutter vor der Küste der Lofoten-Insel Svolvaer in der Nähe der kleinen Siedlung Gimsøy. In der Hauptfangsaison von Mitte Januar bis Mitte April wird hier vor allem Kabeljau gefischt.

Nächste Doppelseite: Schafe in einer Bucht bei Ramberg auf der Lofoten-Insel Flakstadøya.

Im Trondheimsfjord. Im Sommer können Freizeitkapitäne mit ihren Motorsportbooten Runden drehen oder gemütlich in umgebauten alten Kuttern die Fjordlandschaft an der Westküste erkunden.

Mächtig erheben sich die bis zu 1900 Meter hohen Gipfel über dem Lyngenfjord.

Netze, weil die alten dem letzten Sturm auf hoher See geopfert werden mußten, um das eigene Leben zu retten. Beim Kaufmann konnte man anschreiben lassen, dafür bestimmte er aber den Preis, wenn einmal ein großer Fang glückte; er war der einzige, der es zu bescheidenem Wohlstand brachte.

Dieses karge und entbehrungsreiche Leben der Fjordbauern, wie es in den Romanen erzählt wird, führten viele Norweger, besonders im nördlichen Teil des Landes, noch bis in unser Jahrhundert. Wurden die Erträge beim Fischfang zu gering, verdingten sich die Männer den Winter über als Seeleute für den Walfang und die Robbenjagd im Eismeer. Zurück blieben, in den Schneestürmen und in der Einsamkeit der Polarnacht, die Frauen und Kinder. Nur ein unbändiger Überlebenswille ließ die Menschen solche widrigen Verhältnisse überstehen, und nicht selten kam der Mann auf See ums Leben oder die Frau war gestorben und die Verantwortung für Haus und Hof hatte das älteste Kind übernommen. Die Romane vermittelten mir ein anderes, ein intensiveres Lebensgefühl als ich es bisher kannte: Jeder mußte hier auf seine Weise mit den unveränderbaren und unerbittlichen Verhältnissen fertig werden.

Es war dieser harte Lebenskampf, der mich interessierte, dieses Unterordnen unter die Bedingungen einer gnadenlosen Natur, das ich selbst kennenlernen wollte, nachdem ich das Buch zugeklappt hatte.

Ich fand allerdings die Bücherwirklichkeit nicht sofort wieder. Heute leben über die Hälfte aller Norweger in Städten, vor hundert Jahren waren es nur siebzehn Prozent. Doch auch dem Städter merkt man rasch an, daß er keineswegs nur Stadtmensch ist. Bei meinem ersten Besuch einer Studienkollegin in ihrem modernen Reihenhaus in Stavanger merkte ich rasch den Unterschied zu deutschen Verhältnissen. Obwohl ich kein verwittertes Holzhaus betrat, sondern ein Betongebäude, war hier eine Art «Holzatmosphäre» zu spüren. Massive Türen aus Kiefernholz, neben dem Heizkörper ein eiserner Kaminofen, auf dem Holzboden gewebte Schafwollteppiche in kräftigen Farben. Zum Essen wurde Elchfleisch

Nachdem der Kabeljau ausgenommen worden ist, wird er zum Trocknen auf Holzgestelle gehängt. Ein typisches Bild an vielen Orten der Küste – hier am Langfjord in der Finnmark.

serviert, frisch aus der Tiefkühltruhe, aber vom Hausherrn eigenhändig erlegt. Lächelnd zeigte er mir sein frischgeöltes Gewehr, das er neben der Angel im Schlafzimmerschrank aufbewahrte. Ich erfuhr, daß die alljährliche Jagd einfach dazugehöre, und überhaupt seien alle Norweger «Friluftsmennesker». Plötzlich verstand ich, warum so viele Öljacken in der Garderobe hingen und darunter aufgereiht Gummistiefel in allen Größen standen. Ein großer Teil des Lebens der Norweger spielt sich draußen ab, in den Bergen oder am Wasser, wo viele Städter eine «Hytta» besitzen, eine Hütte für das Wochenende, den Feierabend und die Ferien.

Die ursprüngliche, von der Natur abhängige und sie nutzende Lebensart hat sich im modernen Norwegen erhalten, wenn auch kein von der Außenwelt abgeschnittener Fjordbauer mehr im Winter in Existenznot gerät. Für die verkehrstechnische Erschließung gibt der Staat viel Geld aus, und man kann bequem alle Winkel dieses großen Landes erreichen.

Was den allgemeinen Lebensstandard betrifft, so ist er, gemessen an mitteleuropäischen Verhältnissen, eher bescheiden. Die Geschäfte quellen nicht vor Lebensmitteln über, und vieles ist teuer, weil selten. So ist es beispielsweise üblich, Salatgurken portioniert zu verkaufen. Auf den Mittagstisch kommt nach wie vor preisgünstig Fisch, im Süden Makrelen und weiter nördlich Rotbarsch. Oder es gibt die von den meisten norwegischen Kindern so verabscheuten «Fiskeboller» (Fleischklößchen aus Fischmehl) oder den ähnlich beliebten «Fiskepudding». Der feine norwegische Lachs ist vor allem ein wichtiger Exportartikel. Besucht man eine «Gatekjøkken», wie die Frittenbuden in Norwegen heißen, findet man dort neben Pommes frites, Hähnchen und Hamburgern auch die traditionellen «Lomper», Kartoffelpfannkuchen, in die man eine Wurst wickelt, oder «Labskaus», einen Eintopf aus Lamm und Schweinefleischstückchen, Kartoffeln, Zwiebeln und brauner Soße. Bei einer Fahrt über die Hardangervidda kann man immer noch in kleinen Gebirgsgasthäusern «Rømmegraut» vorgesetzt bekommen, das älteste (warme) Gericht des Landes. Serviert wird diese dünne Grütze aus Weizen oder Gerstenmehl mit Salz und Sahne, obenauf

Probe des Samischen Nationaltheaters aus Oslo für eine Osteraufführung in Kautokeino, einer der größten Samensiedlungen in der Finnmarksvidda. Die Landschaft im äußersten Nordosten wird auch der «Wilde Westen Norwegens» genannt.

schwimmen Fettaugen und ein ungeübter Magen schafft nur kleine Mengen, trotz des dazu gereichten Fladenbrotes. Zum Essen wird oft nur Wasser getrunken, direkt aus der Leitung, noch ist es sauber ... Als Alternative gibt es Milch oder Dünnbier.

Snorri Sturluson – Sagen und Legenden

«Harald hat ihr Volk verflochten, Olav malt auf ihre harte
Daß kein Feind sie zwang, Stirn ein Kreuz von Blut,
Håkon hat für sie gefochten, Sverre brach von ihrer Warte
Während Øjwind sang. Romas Übermut.»

(Zweite Strophe der norwegischen Nationalhymne von Bjørnstjerne Bjørnson, übersetzt von Christian Morgenstern)

Die Anfänge der Geschichte Norwegens schrieb als erster der Isländer Snorri Sturluson im 12. Jahrhundert auf. Zu dieser Zeit war Island ein Zentrum für Schriftgelehrte und Dichter und galt als geistiger Mittelpunkt des Nordens. Auf dieser kleinen Insel wurden alle Geschichten und Lieder, die von der Entstehung Norwegens und der Besiedelung Islands erzählen und mündlich von Generation zu Generation übertragen worden waren, in eine schriftliche Form gebracht.

Snorri Sturluson (1179–1241), einer der berühmtesten isländischen Dichter, verfaßte nicht nur die Edda, ein Lehrbuch der Skaldendichtkunst, er sammelte auch alles, was er über das Schicksal der ersten norwegischen Könige in Erfahrung bringen konnte. Aus dieser Sammlung entstanden die Königssagen. Snorri war nicht nur Dichter, er mischte sich auch aktiv in die Politik ein, speziell in das Verhältnis des selbständigen Island zum ehemaligen Mutterland Norwegen. Es erging ihm wie so manchem historischen Helden in

Links: Reste eines alten Wikingerschiffes (Foto, 1874). Oben, rechts: Eine 44 Zentimeter lange und mit kunstvollen Verzierungen versehene Windfahne eines Wikingerbootes. Unten, rechts: Felszeichnungen bei Alta in Nordnorwegen. In dieser Gegend wurden Zeugnisse einer etwa 10 000 Jahre alten Steinzeitkultur, der sogenannten Komsa-Kultur, gefunden.

seinen Sagen: Er fiel in Ungnade bei König Håkon (1217–1263) und wurde eines Nachts in seinem Haus überfallen und erschlagen.

Obwohl Snorris Königssagen im wesentlichen Heldengeschichten sind, in denen der kleine Mann kaum eine Rolle spielt, vermitteln sie aber auch ein Bild von den sozialen Verhältnissen Norwegens zu dieser Zeit. Vor der Reichsgründung (um 885) gab es lediglich eine Vielzahl von Gehöften, die von Großfamilien bewohnt wurden. Man lebte in riesigen, torfgedeckten Häusern, die nur aus einem Raum bestanden. In diesen mehrere hundert Quadratmeter großen Gebäuden fanden fünf verheiratete Paare mit ihren Kindern und oft noch das Vieh Platz. Unfreie Knechte und Mägde gab es kaum, das widersprach dem Gleichheitsgefühl. Oberhaupt dieser sich selbstversorgenden Großfamilie war im Sinne eines Primus inter pares der Älteste. Eine solche, aus einem oder mehreren Häusern bestehende Gemeinschaft war durchaus geeignet, sich in den extremen nordischen Verhältnissen zu behaupten.

Bis zur Wikingerzeit führten die patriarchalischen Großfamilien nebeneinander ein gleichberechtigtes und friedliches Leben; zum Teil waren sie zu größeren Stammesverbänden zusammengeschlossen. Doch um das Jahr 800 kam Bewegung in die Bauerngesellschaft. Auf die Dauer wurde es manchem in dieser kleinen Welt zu eng, man wollte weg von der heimatlichen «Scholle». Erste Fahrten über das Meer bis zu den Inseln vor Schottland hatte man schon erfolgreich absolviert, und dort im Westen erhoffte man sich neue Lebensmöglichkeiten.

Es kam zu regelmäßigen «Wikingfahrten» mit großen Drachenbooten. Mit leeren Händen wollte keiner zurückkehren, und die schönsten «Souvenirs», das hatten die Normannen bald herausgefunden, waren in den Klöstern Englands und Irlands zu finden. Dort wurde grausam geplündert, und damit war es auch um den Frieden in der Heimat geschehen: Es kam zu Streit, Neid und Mißgunst, Stammesoberhäupter versuchten immer mehr, andere zu unterwerfen, um ihren eigenen Herrschaftsbereich zu erweitern.

Legende und Historie: Denkmal des Königs Beele bei Balholmen. – «So weit herumzukommen, erfordert Verwegenheit, manchmal Rücksichtslosigkeit, unter allen Umständen eine genügende Anzahl von Männern. Die erstgenannten Bedingungen erfüllten die Wikinger ganz und gar, aber auf die Dauer gereichte es ihnen zum Nachteil, daß sie verhältnismäßig wenige waren.» (Ole Klindt-Jensen/ Svenolov Ehrén: Welt der Wikinger)

Aber nach wie vor bestand noch kein einheitlich norwegisches Reich, gab es keinen norwegischen König, dem alle Stammesfürsten und Familienpatriarchen gehorchten. Glaubt man Snorri, so kam es zur Reichsgründung, als sich eine stolze Jungfrau weigerte, dem Werben eines Stammeshäuptlings nachzugeben. Sie war nicht bereit, ihre kostbare Jungfernschaft einem kleinen Herrscher zu opfern. Das würde sie nur für einen tun, der ganz Norwegen unterworfen habe und Alleinherrscher sei, gab sie den Brautwerbern zu verstehen. Der Abgewiesene war Harald Schönhaar. Er nahm die Bedingung an und beschloß, sie zu erfüllen. Zusätzlich gelobte er, bis zur Erreichung des Zieles weder Bart noch Haupthaar schneiden zu lassen; so erhielt er seinen Beinamen.

Harald Schönhaar besaß bereits eine gewisse Hausmacht, und außerdem gehörte er zu den sogenannten «Götterkönigen», jenen Königen, die direkt von Odin abstammten, dem Obergott in der norwegischen Mythologie. Dies prädestinierte Harald für die Alleinherrschaft über Norwegen, systematisch besiegte er einen Stammeshäuptling nach dem anderen. Doch unter den freien Großbauern und Stammesfürsten wollten viele nicht auf ihre Selbständigkeit verzichten und zogen es vor, auf große Wikingfahrt zu gehen und sich eine neue Heimat zu suchen. Die meisten von ihnen ließen sich auf Island nieder.

Weniger friedlich verlief Haralds Auseinandersetzung mit einigen reichen und mächtigen Wikingerhäuptlingen an der Westküste. Sie weigerten sich hartnäckig, sich seinem Herrschaftsanspruch zu beugen und wollten weiter freie Wikinger und Seeräuber bleiben. Um das Jahr 900 kam es zur Entscheidungsschlacht. Im Hafsfjord in Südnorwegen trafen die Gegner in ihren Drachenbooten aufeinander, und es muß ein furchtbares Gemetzel gewesen sein, wenn man den Worten des Skalden Hornklove, den Snorri zitiert, glauben darf: «Hört' man am Hafsfjorde, / wie hier sie stritten / der edle König Schönhaar / und Kjötvi der Reiche. / Von Ost kamen Kiele / kampfeslüstern / mit klaffenden Drachenköpfen / und Schnitzwerk am Bug. / – Ganz voller Großbaur'n / und Glanzschild sie waren / voll westländ'scher Wurfspeer / und keltischer Schwerter. / Da brüllten Berserker – / Los brach die Fehde – / die in Wolfspelzen wild heulend / Wurfspeere schwenkten.»

Harald siegte, seine Gegner mußten fliehen oder sie starben: «Heim vom Hafsfjord, hin direkt zur Metbank», wie der Dichter meint. Den Geschlagenen blieb nur die Metbank in Walhall, Harald aber durfte nun endlich die schöne Gyda zu seiner Gemahlin machen.

Bis zu seinem Tod im Jahr 945 – Harald I. Schönhaar starb auf dem Krankenlager und nicht, wie damals üblich, auf dem Schlachtfeld – gelang es ihm, das Reich einigermaßen zu ordnen und zusammenzuhalten. Nachfolger wurde einer seiner zahlreichen Söhne, der als Erik Blutaxt in die Geschichte einging, und man kann sich vorstellen, daß er es nicht leicht hatte, mit dem Erbe des Vaters fertigzuwerden. Die Zeiten waren alles andere als friedlich, der Umgang nicht gerade zimperlich und der Bibelspruch «Auge um Auge, Zahn um Zahn» war brutale Realität: Da wurde gemeuchelt und erstochen, geviertelt und verstümmelt, Snorris Geschichten triefen nur so von Blut.

Den Königen scheint bald klar geworden zu sein, daß man auf dieser Basis keine dauerhafte Herrschaft aufbauen konnte. Auf ihren Wikingfahrten waren sie immer öfter auf das Christentum gestoßen, und Olav I. Tryggvason versuchte als erster norwegischer König (995–1000), diese neue Religion einzuführen und die bestehende kriegerische Götterlehre abzuschaffen. Sein Vorgehen war allerdings nicht gerade vom christlichen Liebesideal geprägt, er agierte bei der Bekehrung seiner Soldaten und der Bauern ganz in üblicher Wikingermanier. Aber ein Anfang war gemacht, und Olav II. Haraldsson (1015–1028), dem Snorri die längste Sage widmet, führte die Christianisierung fort. Er wandte allerdings die gleichen Mittel wie sein Vorgänger an, aber diesmal sollten sich die Bauern noch mehr wehren. Sie stellten ein großes Heer zusammen und 1028 kam es zur großen Schlacht bei Stiklestad, in der die Bauern über die letzten Wikinger siegten. König Olav fiel in der Schlacht. Aber sein Einsatz für das Christentum war nicht vergebens: Ein Jahr nach seinem Tod holte man seine sterblichen Überreste aus der ungeweihten Erde und bestattete sie in einem Schrein unter dem Hochaltar der Klemenskirche zu Nidaros (Trondheim). Olav II. Haraldsson wurde von den Kirchenmännern heilig gesprochen. Olav der Heilige wurde

Die Jostedalsbreen-Gletscher beim Veitastrondsvatnetfjord nördlich von Sogndal verstecken sich in den Wolken. Kahle Bergrücken und grüne Hochebenen, rauschende Wasserfälle und einsam gelegene Hütten kennzeichnen das tiefeingeschnittene Fjordland an Norwegens Westküste.

Nächste Doppelseite: Sognefjell in Jotunheimen – Norwegens wildromantische Berglandschaft.

Ausklappbare Panoramaseite 20/21: Als wär's ein Szenenbild aus Norwegens Nationaldrama «Peer Gynt» von Henrik Ibsen. Verwitterte Holzhäuser des Dorfes Nystølen am Geitebotnfjell oberhalb des Sognefjords.

Die alte Holzkirche der Gemeinde von Aurdal in der Provinz Oppland.

Vorherige ausklappbare Panoramaseite: Motorboote der Sommergäste vor der kleinen Ortschaft Elistranda am Trondheimsfjord.

zum Märtyrer der Christianisierung seines Landes, die sich trotz der Niederlage auf dem Schlachtfeld nun rasch ausbreitete und auf zwei ganz verschiedene Weisen in Norwegen heimisch wurde. Einmal brauchten die von Rom gesandten kirchlichen Würdenträger ihre beeindruckenden Gotteshäuser, um die Macht der Kirche zu zeigen. Es entstanden im 12. Jahrhundert drei Bistümer mit den entsprechenden Kathedralen in Trondheim, Stavanger und Hamar. Zum anderen wurden von den Fischern und Bauern zwischen 1020 und 1400 überall im Land die für Norwegen so typischen Stabkirchen errichtet, kleine Holzgebäude, die wie an Land geholte und nach oben gedrehte Wikingerschiffe aussehen. Vielleicht gar nicht so zufällig, denn den Schiffsbau beherrschten die Normannen und es lag nahe, diese Fertigkeiten beim Kirchenbau anzuwenden: Einige der Stabkirchen sind Einmastbauten, das heißt die steil emporragende Dachkonstruktion stützt sich nur auf einen im Kreuzpunkt zweier Schwellen stehenden Masten. Auf norwegisch heißen diese Masten «Stav», und so wurde aus der norwegischen «Stavkirke» im Deutschen eine Stabkirche. Die Giebelspitzen wurden mit den sich schon bei den Wikingerbooten bewährten Drachenköpfen verziert, der wehrlose Christengott sollte schließlich nicht schutzlos vor bösen Geistern sein. Auch die geschnitzten Kirchenportale greifen mit ihren Motiven häufig auf heidnische Vorstellungen zurück.

Der um jede Holzkirche angelegte Gang (Svalgang), von Säulen und Arkaden gestützt, dient als Schutz vor Wind und Wetter. Nicht nur für das Bauwerk selbst, sondern auch für die Kirchenbesucher, die von weit her von ihren Höfen kamen und vor Beginn des Gottesdienstes einen Unterschlupf fanden. Im Svalgang wurden außerdem die Waffen abgelegt, ehe man das eigentliche Kirchenschiff betrat. Die Stabkirchen waren keine Dorfkirchen in unserem Sinn, sie standen meist einsam und abgelegen im Wald oder an einem Fjord.

Der Innenraum der Kirche erinnert an eine einfache Kajüte. Ein angenehmer, mit Teergeruch vermischter Holzduft schlägt dem Besucher entgegen; aus tellergroßen offenen Bullaugen fällt von oben schwach das Licht herein. Man fühlt sich in diesem Halbdunkel geborgen, geschützt vor den Naturgewalten und dem feindlichen Leben draußen. Die Zeit scheint still zu stehen in diesen «Schiffen» auf dem Landmeer der einsamen Weite, Orten der Einkehr und Ruhe.

Pietisten, Abstinenzler und Boheme

Im 16. Jahrhundert wurden die Lehren Luthers auch bis hinauf in den hohen Norden verbreitet. Sie kamen über die dänischen Machthaber, die bald nach dem Ende der Wikingerzeit die Herrschaft in Norwegen übernommen hatten. Mit der Reformation verloren die Bischöfe ihre Ämter, und die Dänen führten eine protestantisch–lutherische Staatskirche ein, der heute 96 Prozent der Norweger angehören. Aus diesem Grund ist in Norwegen beispielsweise die standesamtliche und die kirchliche Trauung gleichwertig, man muß sich nur für eine der beiden Zeremonien entscheiden.

Neben solchen eher äußerlichen Formalitäten hatte der Protestantismus weitreichende gesellschaftliche Auswirkungen. Ende des 18. Jahrhunderts begeisterten sich vorwiegend in West- und Südnorwegen viele für den strengen, lebens- und lustfeindlichen Pietismus. Wanderprediger zogen von Ort zu Ort und hielten auf öffentlichen Plätzen und in privaten Wohnstuben vor ihren Anhängern bei Andachten fanatische Reden. Zwar wurden diese sektiererischen Erweckungsbewegungen bald verboten, da sie mit ihren Lehren und Praktiken im Widerspruch zur Staatskirche standen, doch wirkte das pietistische Gedankengut weiter in den Enthaltsamkeitsbewegungen, die sich um die Mitte des vorigen Jahrhunderts bildeten und zum Teil bis heute fortbestehen.

Vor allem der Alkohol war und ist ihnen ein Dorn im Auge, und nach dem Motto «Wehret den Anfängen» treten die Abstinenzler für ein generelles Verbot alkoholischer Getränke ein. Den Höhepunkt erreichte die pietistische Enthaltsamkeitsbewegung um die Jahrhundertwende, als nicht nur dem hemmungslosen Branntweingenuß der Kampf angesagt wurde, sondern jeglicher Genuß verteufelt wurde.

Ein argloses Opfer dieser Kampagne wurde der junge Maler Edvard Munch. Auf der Herbstausstellung 1885 in Kristiania, so hieß damals die norwegische Hauptstadt Oslo, weckte dieser als Künstler bis dahin kaum in Erscheinung getretene Munch die Verärgerung seiner Landsleute. Anlaß war ein Bild, das er gegen Bezahlung von Leinwand und Farben sowie einem Essen im Hotel Grand von seinem Kollegen Jensen-Hjell gemalt hatte. Er stellte diesen Herrn im damals üblichen Frack dar, gestützt auf einen Spazierstock. Anstößig war nun nicht das Motiv, aber die Pose dieses Herrn, der eine lässige Überlegenheit ausstrahlt und dem man eine durchzechte Nacht anzusehen meinte. Ein solches Bild öffentlich als Kunst auszustellen, empfanden die Bürger der Hauptstadt als Frechheit. Munch kam auf die «schwarze Liste» und wurde als sittenloser Bohemien abgestempelt.

Er gehörte zur Gruppe all jener Künstler und Literaten, die sich gegen das pietistisch orientierte Bürgertum auflehnten, das nicht imstande war, unter anderem Munchs künstlerisches Anliegen zu begreifen, der die existentielle Verzweiflung des Menschen zum Hauptthema seiner Malerei gemacht hatte. Für die Spießer waren die Bilder einfach eine «Schweinerei», über die man sich lauthals empörte.

Von derartigen Urteilen blieb auch Henrik Ibsen nicht verschont. Sein Stück «Gespenster» (1882) durfte nicht gespielt werden (es wurde in Chicago uraufgeführt), weil der dramatische Konflikt eine ererbte Geschlechtskrankheit zum Thema hat. Als norwegischer Künstler mußte man erst im Ausland zu Ruhm und Ehre gelangen, wie zum Beispiel in Deutschland, wo Ibsen schon lange ein einflußreiches Vorbild der Naturalisten war, bevor er in seiner Heimat anerkannt wurde.

Geblieben ist von der Enthaltsamkeitsbewegung neben kleinen pietistischen Organisationen das staatliche Alkoholmonopol («Vinmonopolet»), eine 1922 gegründete Aktiengesellschaft. Sie besitzt das alleinige Recht, alkoholische Getränke nach Norwegen einzuführen und dort zu verkaufen. Für das ganze Land stehen achtundachtzig Verkaufsstellen zur Verfügung, in denen man sich die begehrten Getränke für teures Geld besorgen kann. Nicht alle Lokale Norwegens haben eine sogenannte «Fulle Rettigheter», die Lizenz zum Ausschank von Alkohol. Diese Schankkonzessionen werden ausschließlich vom Staat vergeben.

Norwegens Weg in die nationale Selbständigkeit

Das von den Wikingern mit viel Blutvergießen zusammengeschweißte Reich hielt nur einige Jahrhunderte. Von Anfang an hatten sich die Herrscher des kleinen Dänemark in die norwegischen Verhältnisse eingemischt. Als im 14. Jahrhundert fast die Hälfte der Norweger von der Pest, dem schwarzen Tod, dahingerafft worden waren, kam es zu einer Union mit Dänemark. Diese Union unter dänischer Krone, zwischenzeitlich durch Schweden erweitert, hatte Bestand bis 1814, als die Dänen, damals verbündet mit Napoleon, nach dessen Niederlage in der Völkerschlacht bei Leipzig im Kieler Frieden Norwegen an Schweden abtreten mußten.

Mit dieser Entscheidung waren die Norweger keineswegs einverstanden, man wollte endlich unabhängig werden. Eine Nationalversammlung verabschiedete am 17. Mai 1814 in dem kleinen Städtchen Eidsvoll die Verfassung, die bis heute gültig ist. Die erneute Fremdherrschaft, diesmal in Form einer Union mit Schweden, konnte damit zwar nicht verhindert werden, aber Norwegens Position innerhalb dieser Union war sehr selbstbewußt; das norwegische «Storting» (Parlament) ließ sich in seinen Beschlüssen von Schweden nicht beirren. Das mußte auf die Dauer zum Bruch führen: Als im Jahre 1905 die Schweden den Norwegern verbieten wollten, eigene konsularische Vertreter ins Ausland zu entsenden, erklärte das norwegische Storting die Union für aufgelöst. Nach einer von Schweden geforderten Volksabstimmung erlangte Norwegen mit nur 184 Gegenstimmen endgültig seine Unabhängigkeit. Doch wer sollte der Monarch des neuen Norwegen werden? Die Norweger hatten die Wahl zwischen einem Prinzen aus dem Hause Bernadotte und dem Prinzen Carl von Dänemark. Letzterer besaß die Gunst des norwegischen Volkes: Prinz

Fortsetzung Seite 31

*Zu Beginn des Jahres 1814 mußte Dänemark im Frieden zu Kiel Norwegen an Schweden abtreten. Daraufhin versammelten sich norwegische Nationalisten in Eidsvoll und verabschiedeten eine konstitutionelle Verfassung für ein selbständiges Königreich Norwegen. Durch die Beschlüsse von Eidsvoll erhielt der junge Nationalstaat ein weitgehend modernes Verwaltungssystem.
Oben: Das Eidsvollgebäude, in dem die verfassunggebende Versammlung tagte (Lithographie von Joachim Frich, 1848).
Unten: Christian Magnus Falsen verliest den Grundgesetzentwurf der Eidsvollversammlung; neben ihm sitzt Wilhelm Frimann Koren Christie. Gemälde von Oscar Wergeland (1887), das im heutigen Storting (Parlament) in Oslo hängt.*

Oben, links: Sigrid Undset (1882–1949) erhielt den Literatur-Nobelpreis 1928 «vor allem für ihre kraftvollen Schilderungen des nordischen Lebens im Mittelalter», wie es in der Preisbegründung des Nobelpreiskomitees hieß.

Mitte, links: Bjørnstjerne Bjørnson (1832–1910), einflußreicher Politiker und populärer Dichter Norwegens, erhielt 1903 für sein Gesamtwerk den Literatur-Nobelpreis.

Rechts: König Håkon VII. von Norwegen (1872–1957) mit seiner Familie. Der ehemalige dänische Prinz bestieg am 18. November 1905 den Thron.

Unten, links: Henrik Ibsen (1828–1906), Norwegens bekanntester Dramatiker und Begründer des Naturalismus.

Unten, Mitte: Edvard Munch (1863–1944); Foto aus den letzten Lebensjahren des Malers.

Unten, rechts: Edvard Grieg (1843–1907), Norwegens bedeutendster Komponist volksliedhafter klassischer Musik.

Oben: Der norwegische Polarforscher und Zoologe Fridtjof Nansen (1861–1930) verließ am 14. März 1895 am Rand des ewigen Packeises sein Forschungsschiff «Fram», um zusammen mit seinem Gefährten Johansen auf Hundeschlitten zum Nordpol aufzubrechen.

Unten, links: Roald Amundsen (1872–1928) erreichte als erster Mensch am 14. Dezember 1911 den Südpol.

Unten, Mitte: Fridtjof Nansen (siehe oben) in einer Aufnahme aus jungen Jahren.

Unten, rechts: Zu den großen Autoren der Weltliteratur gehört der Schriftsteller Knut Hamsun (1859–1952), der für sein großes Epos «Segen der Erde» («Markens grøde») 1920 den Nobelpreis für Literatur erhielt. Das Foto zeigt Hamsun an seinem 85. Geburtstag (4. August 1944) in seinem Garten.

Jedes Jahr finden Anfang März auf der großen Holmenkollenschanze die internationalen Meisterschaften der Skispringer statt. Beim ersten Wettbewerb 1892 erreichte der Sieger eine Weite von 21,5 Metern; heute muß ein Springer weit über hundert Meter fliegen, um den Königspokal zu gewinnen. Die Skiflugtage am Holmenkollen sind für viele Norweger nach wie vor das sportliche Großereignis des Jahres.

Norwegen, das Land der Abenteurer und Entdecker. Norweger erforschten nicht nur die Polarregionen: Der Zoologe Thor Heyerdal (geb. 1914) versuchte unter anderem mit seiner Fahrt auf dem nach altinkaischem Vorbild gebauten Floß «Kon-Tiki» nachzuweisen, daß peruanische Inkas mit solchen Booten über den Pazifik bis nach Polynesien gelangen konnten.

Carl begründete als Håkon VII. nach 600 Jahren Fremdherrschaft am 22. Juni 1906 wieder ein norwegisches Königshaus.

Der populäre Håkon VII. mußte während des Zweiten Weltkriegs ins Londoner Exil gehen, als Norwegen von deutschen Truppen besetzt wurde. Håkon VII. starb 1957.

Peer Gynt und die Trolle

Gegen die schwedische Bevormundung, vor allem auch in kulturellen Belangen, wandte sich seit 1814 eine immer stärker werdende Nationalbewegung. Man war auf der Suche nach einer norwegischen Identität. Seit dem späten 14. Jahrhundert lebten die originären norwegischen Traditionen und Eigenheiten eigentlich nur in den Heldensagen, Legenden und Geschichten der Bauern, Fischer und Jäger fort, die man sich nach wie vor erzählte. Waren es zur Zeit der Reichsgründung vorwiegend Königssagen, die die Heldentaten der Recken verherrlichten, stand nun das ursprüngliche Leben (oder was man dafür hielt) in der endlosen, kargen und oft unwirtlichen Einsamkeit des weiten Landes im Zentrum des Interesses der Literatur. Von Fabelwesen und Dämonen, sogenannten Trollen, erzählten die Großmütter an langen dunklen Winterabenden ihren Enkeln. Überirdische, riesenhafte und gräßlich anzusehende Wesen mit großen Nasen, mehreren Köpfen, Schwänzen und einem furchtbaren Lachen spuken durch die Erzählungen. Der Mensch kann sich ihrer nur durch Klugheit und List erwehren, denn Trolle sind sehr dumm und einfältig.

Geheimnisvoll und gefährlich wie die häßlichen Trolle sind auch die feenartigen Hulder, weibliche Waldgeister, mit hohlem Rücken und Kuhschwanz, die in Hochmooren und Sümpfen auftauchen und durch ihre verführerische Schönheit die Jäger bezirzen. Mancher Jüngling verfiel nach solchen Begegnungen dem Wahnsinn, und mancher arme Fischer kehrte auf wunderbare Weise mit reichen Fängen zurück. Die Geschichten spiegeln aber auch das Alltagsleben in den Wäldern und den Gebirgen wider.

Alle diese Geschichten, Legenden, Märchen und Sagen aus dem Mund des Volkes begannen im Zuge des wieder erwachenden norwegischen Nationalbewußtseins zwei Männer, Peter Christian Asbjørnsen und Jørgen Moe, zu sammeln. Ähnlich wie ihre deutschen Kollegen, die Gebrüder Grimm, schrieben sie das Gehörte so getreu wie möglich auf. 1851 lag die erste Gesamtausgabe der norwegischen Volksmärchen vor. Jakob Grimm pries diese Märchensammlung als besonders geglückt, da das tiefe, norwegische Volksempfinden «unverfälscht» zum Ausdruck komme. Die Volksmärchen erschienen in den folgenden Jahrzehnten in immer neuen und schöneren illustrierten Ausgaben.

Auch die Dichter interessierten sich für die Volksdichtung. Im Sommer 1862 reiste der Dramatiker Henrik Ibsen ins Gudbrandsdal, um dort auf den Spuren von Asbjørnsen und Moe eine «quasiwissenschaftliche Untersuchung der Volksdichtung» anzustellen. Aus der Untersuchung, die Ibsen ein Stipendium einbrachte, ist aber leider nichts geworden. Er stieß bei seinen intensiven Forschungen auf die Geschichte des furchtlosen Jägers Peer Gynt aus Kvam, dem Leichtfuß aus dem Märchen, dem sein ungebundenes Jägerleben im Gebirge über alles ging, der sich mit Trollen prügelte und Sennerinnen vor diesen Unholden rettete. Diese Figur inspirierte Ibsen zu einem großen nationalen Schauspiel.

Ibsen hat sein dramatisches Gedicht, wie er das Stück «Peer Gynt» nannte, als national-norwegisch aufgefaßt. Die Musik dazu hat auf Wunsch Ibsens Edvard Grieg komponiert. Sicher war für diese Partitur niemand besser geeignet als Edvard Grieg, der vor allem «norwegische» Musik komponieren wollte. Wie Ibsen auf die Volksdichtung zurückging, so beschäftigte sich Grieg eingehend mit norwegischer Volksmusik, mit Liedern und Weisen, wie sie in den Tälern und auf den Sennhütten gesungen wurden. Eines der schönsten Lieder seiner Musik zu «Peer Gynt» ist Solveigs Gesang.

Der norwegische Sprachenstreit

Ein wichtiger Schritt zur nationalen Selbständigkeit war eine eigenständige norwegische Sprache. Durch die dänische Herrschaft hatte sich die offizielle Landessprache dem Dänischen stark angepaßt. Diese Annäherung vollzog sich vor allem während der Reformationszeit, als sowohl die Lutherbibel wie auch die Kirchengesänge in dänischer Sprache nach Norwegen kamen. Ibsen und Hamsun haben ihre Bücher noch in dänischer Sprache geschrieben.

Die Volksmärchen sind hingegen alle in ihrem ursprünglichem Dialekt belassen worden. Aus diesen vielen norwegischen Dialekten versuchte man nun, ein neues Norwegisch, ein sogenanntes «Nynorsk», neben der amtlichen Sprache, dem «Bokmål», zu schaffen. Im 19. Jahrhundert entbrannte ein Sprachenstreit, welche der beiden Sprachformen nun gültig sein sollte. Beendet ist der Streit bis heute nicht; beide Sprachformen bestehen gleichberechtigt nebeneinander weiter, und die Kinder müssen in der Schule Bokmål und Nynorsk lernen. Bei der Untertitelung ausländischer Filme (die kaum synchronisiert werden) müssen im Fernsehen beide Sprachformen berücksichtigt werden. Die deutsche Fernsehserie «Der Kommissar» zum Beispiel hat neunorwegische Untertitel. Auch in der Literatur sind beide Sprachformen vertreten. Einige Autoren schreiben *nur* in Nynorsk, die anderen *nur* in Bokmål, hinzu kommen noch die Dialekte und neuerdings der vom Englischen durchsetzte Slang; ein Sprachbabylon, das nicht nur den Übersetzern manches Rätsel aufgibt.

Mit vollen Segeln ins Industriezeitalter

Nachdem im Jahre 1814 die Union mit Dänemark zerbrochen war und die Norweger die Chance zur Verabschiedung einer eigenen Verfassung genutzt hatten, fühlten sie sich nicht nur politisch selbstbewußter und kulturell eigenständiger, auch auf wirtschaftlichem Gebiet setzte eine gewaltige Entwicklung ein. Ein frischer und kräftiger Wind blies in die Segel norwegischer Schiffe. Man beschränkte sich nicht mehr wie in den vergangenen

Vom Osloer Hafen Pipervika aus gesehen dominieren die wuchtigen viereckigen Rathaustürme das Stadtbild. Der Bau des Rathauses wurde bereits 1931 begonnen, konnte aber erst 1950 beendet werden. Die Entwürfe stammen von den Architekten Arneberg und Poulson.

Das Karl-Johan-Denkmal vor dem Osloer Schloß, das von 1825 bis 1848 nach Plänen des dänisch-norwegischen Architekten Hans Ditlev Frans Linstow im Empirestil erbaut wurde.

Anlegesteg vor dem Seebad Drøbak am Ostufer des Oslofjords.

Im Frogner Park, Oslos «grüner Lunge», konnte sich der Bildhauer Gustav Vigeland (1869–1943) künstlerisch frei entfalten und den Park mit seinen zum Teil bizarren und heftig umstrittenen Monumenten und Skulpturen gestalten.

Sprungturm beim Fjordseebad Drøbak. Im Hintergrund ein Fährschiff der Jahre Line, die zwischen Oslo und Kiel verkehrt.

Nächste Doppelseite: Der Fridtjof-Nansen-Platz, von einem der beiden Türme des Osloer Rathauses aus gesehen. Im Hintergrund ist das gelbe, klassizistische Gebäude der Universität zu erkennen.

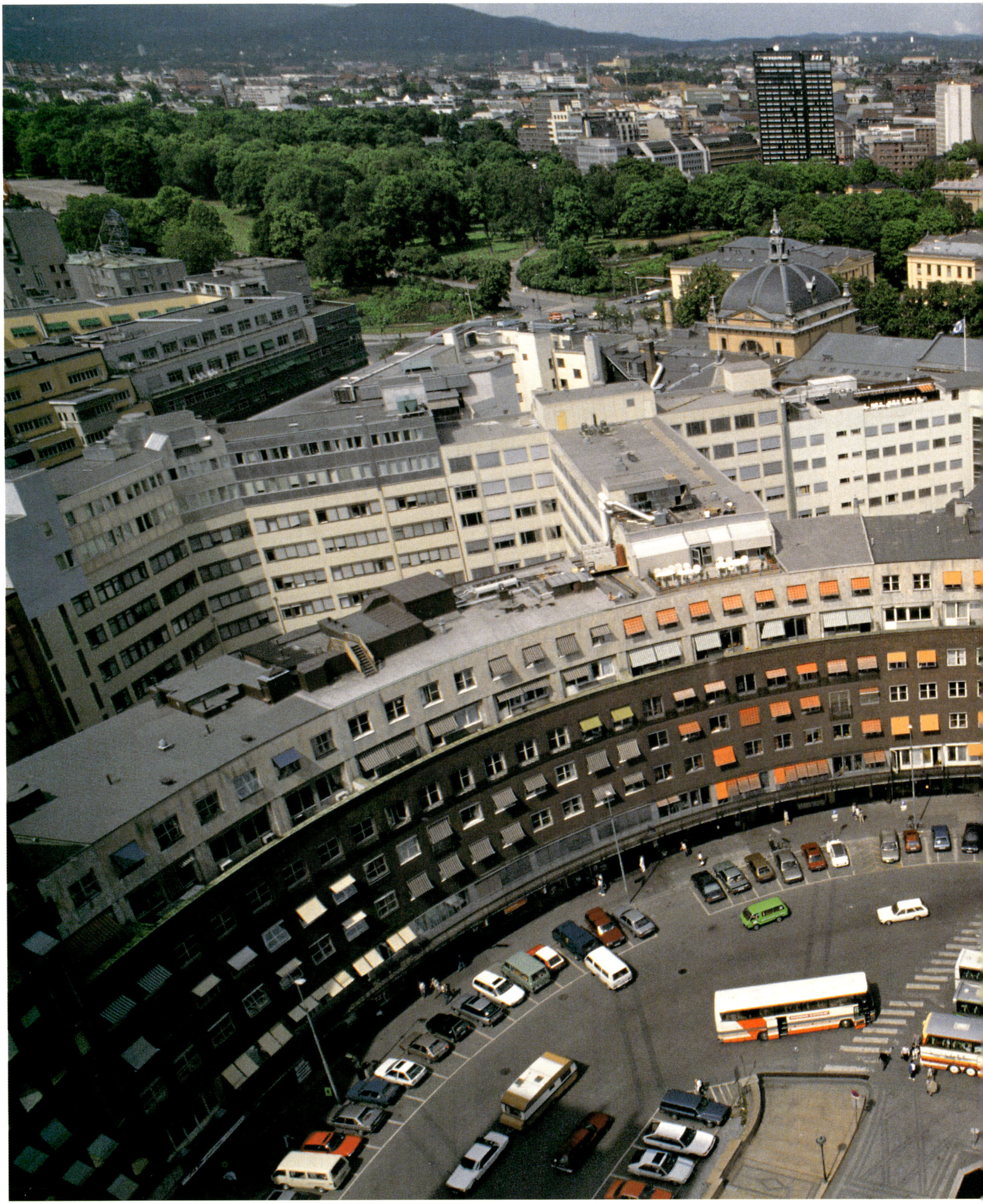

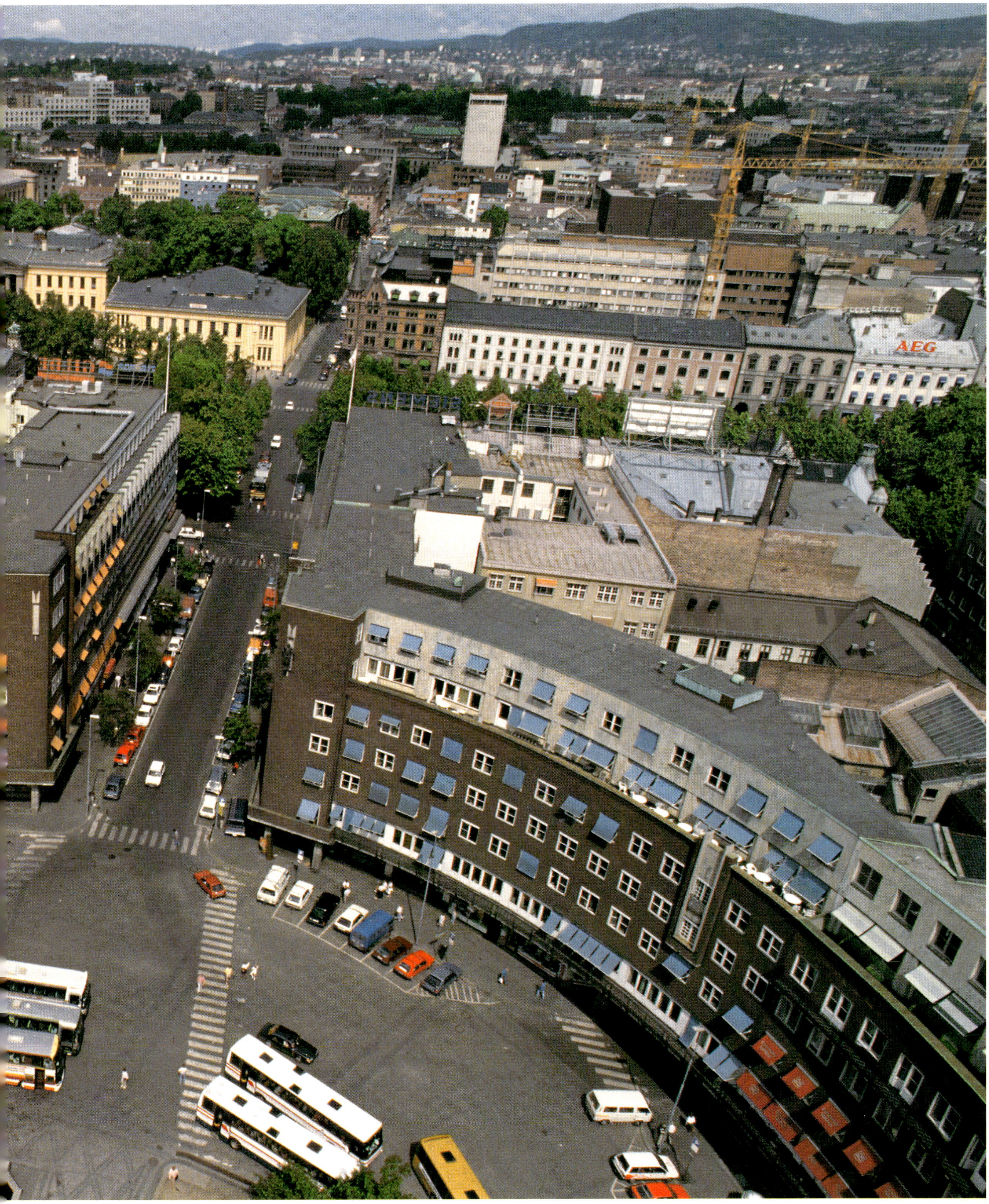
AEG

Das Kontor einer Ex- und Importfirma im Osloer Handelshafen.

Nach Ideen und Anregungen von Karl Friedrich Schinkel (1781–1841) wurde die Osloer Universität gebaut. In der Aula der Alma Mater befinden sich Wandgemälde von Edvard Munch.

In Oslos Historischem Museum in der Fredriksgate 2 sind die Altertumssammlung der Universität, ein Münzkabinett und Roald Amundsens ethnographische Sammlung untergebracht.

Hauptportal des Osloer Westbahnhofs. Die norwegischen Staatsbahnen verfügen über ein Streckennetz von 4250 Kilometern Länge. Die Fahrzeit von der Hauptstadt nach Bodø, der nördlichsten Bahnstation, beträgt elf Stunden.

Abschluß der alljährlichen Parade zu Beginn der Parlaments-Sommerferien. Norwegens derzeitiger König Olav V. fährt über die Karl Johans Gate auf sein Osloer Schloß zu.

Jahrhunderten auf die Ostsee- und Küstenschiffahrt. Die Welt war größer geworden. Norwegische Schiffe sind nach Rio de Janeiro ebenso unterwegs wie in die USA und nach Kanada, sie transportieren Eisenbahnschienen nach Amerika, bringen Kohle aus England zu den Fabriken überall in der Welt, verschiffen das Holz aus ihren Wäldern und holen dafür Getreide aus Rußland. Von Anfang bis Mitte des vorigen Jahrhunderts war die norwegische Frachtschiffahrt international führend, Güter, die großen Frachtraum beanspruchten, wurden von norwegischen Seglern übernommen. Diese Schiffe galten als billig und zuverlässig, die Kapitäne waren oft selbst die Schiffseigner und stellten sich rasch auf den jeweilig günstigsten Auftrag ein.

«Unsere Ehre und unsere Macht, hat das weiße Segel uns gebracht», schrieb Bjørnstjerne Bjørnson 1868. Der norwegischen Handelsflotte war es gelungen, hinter England und den USA den dritten Platz einzunehmen. Allerdings folgte auf diesen Aufschwung bald die Ernüchterung: Weiße Segel hatten um die Jahrhundertwende endgültig ausgedient – sie wurden von Dampfschiffen verdrängt.

Aber ein Dampfschiff, fünfmal so teuer wie ein Segelschiff, das konnte sich kaum einer der kleinen Kapitäne und auch nur wenige große Reeder leisten. Dazu kam, daß der Schiffsbau mit Eisen und Stahl für die Norweger neu war, und die zum Heizen des Kessels nötige Kohle mußte im Ausland gekauft werden. Zur Segelschiffahrt bestand eine tiefe Verbundenheit, jeder Norweger wußte schon als kleiner Knirps auf diesem Gebiet Bescheid und kannte die Schiffe vom Kielschwein bis zur Takelage, vom Ruder bis zum Galion. Noch bevor er als dreizehn- oder vierzehnjähriger Schiffsjunge anheuerte, kannte er sich auf einem Segelschiff aus. So war unter anderem die seemännische Tüchtigkeit das Kapital, dem Norwegen den wirtschaftlichen Aufschwung verdankte.

Die technische Weiterentwicklung der Schiffahrt war jedoch nicht aufzuhalten, und die Norweger mußten sich den neuen Bedingungen anpassen: Das Land brauchte vor allem eine leistungsstarke Industrie. Es genügte nicht mehr, auf die eigenen Rohstoffe zu vertrauen und Baumstämme und getrockneten Fisch zu exportieren. Geld brachte nur der verarbeitete oder veredelte Rohstoff. Der Schritt ins Industriezeitalter hatte aber gerade in der Anfangsphase – wie in allen Ländern Europas – einschneidende soziale Folgen.

Die norwegische Literatur des 19. Jahrhunderts legt ein anschauliches Zeugnis von den gesellschaftlichen Auswirkungen der Industrialisierung ab. Mit dem Fallen der Holzpreise verarmte mancher Großbauer, reiche Kaufleute mußten Konkurs anmelden, die einfachen Arbeiter, die meist vom Land kamen, wurden arbeitslos und gerieten ins soziale Abseits. In zahlreichen Theaterstücken, Romanen und Erzählungen setzten sich Norwegens Dichter kritisch mit den Problemen der sich rasch entwickelnden Industriegesellschaft auseinander. So unter anderem Bjørnson in seinem Drama «Ein Bankrott» (1875), in dem er noch vor Ibsens sozialkritischen Stücken das skrupellose Gewinnstreben seiner Landsleute thematisiert und anklagt oder Knut Hamsun in seinem Roman «Hunger» (1891), um nur zwei herausragende Beispiele der norwegischen Literatur dieser Zeit zu nennen.

Soziales Elend zwang viele Norweger ihre Heimat zu verlassen, um jenseits des großen Teiches neu zu beginnen. So brach in den Jahren 1865 bis 1914 eine Art Amerikafieber aus, 674 000 Menschen verließen das Land. Heute gibt es etwa 2,6 Millionen Amerikaner norwegischer Abstammung, fast jeder Norweger hat Verwandte in den Staaten.

Die Entscheidung, zu emigrieren oder zu bleiben, glich allerdings fast einer Wahl zwischen Pest und Cholera. In keineswegs immer seetüchtigen, uralten und schwerfälligen Holzseglern saßen die Familien der Auswanderer zwischen ihrem spärlichen Hab und Gut, eingepfercht im Zwischendeck, ein Fäßchen Sauermilch und Fladenbrot gegen Hunger und Durst, die Bibel zum Trost. Jeder war für seine Verpflegung selbst verantwortlich, die Männer mußten an die Wasserpumpen, damit das Schiff nicht unterging. Die Kapitäne scherten sich nicht weiter um ihre «Fracht», ihnen war es egal, wieviele Menschen die Fahrt überlebten, sie waren nur am Profit interessiert. Hinter diesen Kapitänen verbargen sich manchmal als Auftraggeber und Schiffseigner geachtete norwegische Konsuln und Großkaufleute. Diese sogenannten «Stützen der Gesellschaft» entlarvte Henrik Ibsen in sei-

Zwischenstation auf dem Paß oberhalb von Meråker im Fjellsgebiet Sylene. – Bevor das Automobil auch im hohen Norden das vorherrschende Verkehrsmittel wurde, fuhr man beim Sonntagsausflug mit dem Einspänner ins Gebirge.

nem gleichnamigen Drama (1877) und prangerte ihre gnadenlose menschenverachtende Haltung an.

Die Verhältnisse auf den Schiffen besserten sich erst um 1910, als mit komfortablen Dampfschiffen die Amerikalinie von Oslo nach New York eröffnet wurde.

Einen kurzfristigen, aber recht deutlichen wirtschaftlichen Aufschwung bescherte den Norwegern der Erste Weltkrieg. Sie nutzten den von den Großmächten garantierten Status der Neutralität zu ihrem Vorteil und versorgten mit ihrer Handelsflotte jeweils das kriegsführende Land, das am besten zahlte. Zu Beginn des Krieges waren das die Deutschen, später die Engländer. Schlimme Folgen hatte diese Politik erst, als Deutschland den uneingeschränkten U-Boot-Krieg erklärte und rücksichtslos alle Schiffe, egal ob sie in kriegerischer oder in friedlicher Mission unterwegs waren, torpedierte. Noch einschneidender als der Verlust von Schiffen und Seeleuten war für Norwegen nach dem Krieg die einsetzende Inflation. Wieder herrschten Arbeitslosigkeit und soziales Elend.

Vielleicht war es kein Zufall, daß im letzten Kriegsjahr Knut Hamsuns Roman «Segen der Erde» erschien, und vielleicht war es auch kein Zufall, daß der Autor für dieses «monumentale» Werk 1920 mit dem Literatur-Nobelpreis ausgezeichnet wurde. Angesichts der oft menschenunwürdigen sozialen Situation in einer industriellen Massengesellschaft erscheint das uralte norwegische Ideal vom naturverbundenen, einfachen Leben, dargestellt in der Geschichte eines Mannes, der die Zivilisation verläßt, um in der Wildnis ein Stück Land urbar zu machen und nur von dem, was die Erde gibt, zu leben, als sehr verlockende Alternative.

Am 9. April 1940 wurde Norwegen trotz erneuter Neutralitätserklärung von deutschen Truppen besetzt. Dieser Überfall hatte neben den militär-strategischen auch wirtschaftliche und rüstungstechnische Ziele: Man wollte sich das von Narvik aus verschiffte schwedische Erz für die Schmelzöfen der Kruppschen Rüstungsindustrie sichern. Bald stellte sich jedoch heraus, daß es der Besatzungsmacht um wesentlich mehr ging. Sie ließ nichts unver-

Fortsetzung Seite 47

Der Skisport ist in Norwegen die Sportart Nummer eins. Anfang der zwanziger Jahre feierte man den norwegischen Skispringer Sørre Jensen wegen seiner damals sensationellen Weiten von über 42 Metern.

*Exil und Besatzungszeit. –
Oben: Willy Brandt (Bildmitte) mit einer Fußballmannschaft norwegischer Sozialisten an einem Fjord.
Unten: Deutsche Soldaten während des Zweiten Weltkriegs auf der Karl Johans Gate vor dem Osloer Schloß. Bis zum Einmarsch deutscher Truppen (1940) fanden viele Emigranten im neutralen Norwegen eine vorübergehende Heimat. Unter ihnen auch der junge Sozialist Willy Brandt, der von 1933 bis 1940 als Journalist und als Verbindungsmann der Sozialistischen Arbeiterpartei im Ausland (SAP) zum innerdeutschen Widerstand sowie zur Norwegischen Arbeiterpartei in Oslo lebte. Nach dem Überfall der deutschen Wehrmacht flüchtete er nach Schweden. – Die deutsche Besatzungszeit hat in Norwegen tiefe Wunden hinterlassen. Der Name Vidkun Quislings, der während dieser Zeit Ministerpräsident war, steht für die Kollaboration mit dem nationalsozialistischen Deutschland; Narvik wurde zum Symbol der deutschen Kriegsstrategie der «verbrannten Erde».*

Oben, links: die norwegische Sängerin und ehemalige Intendantin der Osloer Oper Kirsten Flagstad (Foto, 1956).

Oben, rechts: Mitglieder der norwegischen Königsfamilie; von links nach rechts: Prinzessin Martha Louise, Kronprinz Harald, Kronprinzessin Sonja, König Olav V. und Prinz Håkon Magnus (Foto, 1987).

Mitte, links: Der Saxophonist Jan Garbarek gehört neben anderen norwegischen Jazz-Musikern zur europäischen Avantgarde.

Unten, links: Knut Faldbakken zählt zu den wichtigsten norwegischen Romanciers der Gegenwart.

Unten, rechts: Seit 1901 verleiht das norwegische Parlament den Friedens-Nobelpreis. Der erste Preisträger war der Gründer des Roten Kreuzes, Henri Dunant. Als vierter Deutscher wurde am 10. Dezember 1971 der damalige Bundeskanzler Willy Brandt mit dem Friedens-Nobelpreis ausgezeichnet, der ihm von der Vorsitzenden des Nobelpreis-Komitees Aase Lionaes (rechts) in der Osloer Universität überreicht wurde.

45

Fischerboote und Lagerhaus im Hafen von Honningsvåg auf Mageröya. In dem Fischerdorf leben 4000 der insgesamt 5100 Bewohner der nördlichsten Insel Norwegens.

Fischer beim Ausfischen der Lachs-Zuchtbecken im Sunndalsfjord in der Provinz More og Romsdal.

Im Hafen von Stavanger werden die Nordsee-Bohrinseln der norwegischen Ölindustrie gewartet.

sucht, das Land im Sinne der nationalsozialistischen Ideologie umzugestalten. Der Dichter Knut Hamsun ließ sich infizieren und sah Möglichkeiten zur Verwirklichung seiner Ideale vom einfachen, bodenständigen Leben. Er mußte seinen Irrtum schwer büßen, ihm wurde nach dem Krieg der Prozeß gemacht. Man hat ihm seine ideelle Kollaboration zu Lebzeiten nicht mehr verziehen. Erst seit einigen Jahren wird der große Schriftsteller im eigenen Land wieder geachtet.

Das norwegische Volk wehrte sich gegen die Okkupation, und es gab starken Widerstand gegen die nationalsozialistische Ideologie, insbesondere wandte man sich vehement gegen eine Nazifizierung der Schulen; viele norwegische Lehrer wurden aufgrund ihrer Weigerung, nationalsozialistische Parolen zu verbreiten, verhaftet und in Konzentrationslager gebracht.

Nordnorwegen war am meisten von den Kämpfen zwischen Russen, Engländern und Deutschen betroffen.

Diese leidvollen Erfahrungen, in zwei Kriegen der Willkür der Weltmächte ausgeliefert zu sein, bewog die Norweger nach dem Krieg, ihre neutrale Haltung aufzugeben und dem Nordatlantischen Verteidigungsbündnis beizutreten.

Das Königreich Norwegen heute

Olav V. heißt der heutige norwegische König; mit diesem traditionsreichen Namen tritt er in gewisser Weise die Nachfolge der ruhmreichen Wikingerkönige an.

Wie Håkon VII., erster Monarch des demokratischen Norwegen, hat sich auch Olav V. den Wahlspruch «Alt for Norge» (Alles für Norwegen) zu eigen gemacht. Als König einer konstitutionellen Monarchie kann er ein Vetorecht bei der Gesetzgebung ausüben, und er ist nominell der oberste Befehlshaber der Streitkräfte. Nach 1945 stellte häufig die Arbeiterpartei den Ministerpräsidenten; in den letzten Jahren hatte eine Frau dieses Amt inne: Gro

Harlem Brundtland. Im Oktober 1989 wurde ihre Regierung aber von den Konservativen abgelöst.

Für die wirtschaftliche Entwicklung des modernen Norwegen waren zweifellos die Ölfunde im Nordseeschelf vor der Küste von erheblicher Bedeutung. Seit 1969 sprudelt hier das Erdöl. Das Erdgas wird in Rohrleitungen bis in die Bundesrepublik exportiert. Plötzlich war das Land reich, doch die Norweger sind sich keineswegs darüber einig, ob dieser Reichtum ein Segen ist. Mein norwegischer Übersetzerkollege Tom meinte zwar, es sei ein schönes Gefühl, endlich etwas wohlhabender zu sein als die Schweden, aber gleichzeitig schimpft er über die Preissteigerungen und fährt nach Schweden, weil dort zum Beispiel der Zucker billiger ist. Für einen Wohlfahrtsstaat rangiert eben der gesellschaftliche vor dem individuellen Wohlstand. Und was die sozialen Errungenschaften anbelangt, da nimmt Norwegen eine führende Position unter den westlichen Industrieländern ein. Kein Bürger muß befürchten, daß sich sein Lebensstandard durch Krankheit, Alter oder Unfall wesentlich verschlechtert; er ist durch eine Volkspension abgesichert. Die Arbeitslosigkeit beträgt derzeit nur etwa vier Prozent.

Mit seinen Erdöl- und Erdgasvorkommen spielt Norwegen zwar in gewisser Weise seine alte Rolle als Rohstofflieferant, begnügt sich aber keineswegs damit. Heute gilt als eine der bedeutendsten norwegischen Industrien die Datentechnologie. Hier haben die Norweger Beachtliches geleistet, und auf dem Gebiet der Kommunikation sind sie führend in der Welt. Bei einer Bevölkerungszahl von vier Millionen Einwohnern werden immerhin 100 000 Mobiltelefone betrieben und es besteht ein eigenes Satellitensystem, um zu den zahlreichen Inseln, Schiffen und Bohrinseln jederzeit eine Verbindung herstellen zu können. Es ist ganz selbstverständlich, daß die Busfahrerin eines Linienbusses plötzlich zu ihrem Telefon neben dem Fahrersitz greift und zu Hause anruft, um mitzuteilen, daß sie später kommt oder von der Tochter angerufen wird, um den Einkauf fürs Wochenende zu besprechen.

So sind Datenverarbeitung und Telekommunikation die norwegischen Industriezweige der Zukunft und das nicht nur landesintern, sondern genauso für den Export. Norwegen will sich in jeder Hinsicht dem übrigen Europa und der Welt öffnen. Man bemüht sich, mehr zu sein als nur ein Teil Skandinaviens.

Diese Politik begann nach dem Zweiten Weltkrieg, als Norwegen den Vereinten Nationen beitrat. Norwegen gehört zu den Gründungsmitgliedern und stellte außerdem mit Trygve Li von 1946 bis 1953 den ersten Generalsekretär. Die Mitgliedschaft in der UNO ist ein wichtiger Bestandteil der norwegischen Außenpolitik, und norwegische Soldaten sind maßgeblich beteiligt an Einsätzen der UN-Friedenstruppen.

Ein schon sehr lange diskutiertes Problem Norwegens ist das Verhältnis zur Europäischen Gemeinschaft. Im Jahre 1972 war die Regierung zum Beitritt bereit, doch bei einer Abstimmung sprach sich das Volk dagegen aus. Heute nimmt die EG fünfundsiebzig Prozent der norwegischen Ausfuhr ab und deckt die Hälfte des norwegischen Imports. So werden die Stimmen, die Norwegen als 13. Mitgliedsland der EG sehen wollen, immer lauter.

Auch auf kulturellem Gebiet versucht Norwegen, aus seiner skandinavischen Isolation herauszukommen. Das Philharmonische Orchester Oslo, 1871 von Edvard Grieg ins Leben gerufen, unternimmt unter seinem Dirigenten Mariss Jansons mehr und mehr weltweite Konzertreisen, und Jazz-Musiker wie Terje Rypdal oder Jan Gabarek gehören zur europäischen Avantgarde. Und was die Literatur angeht, will man sich vom Image der Bauernromane und der ewig singenden Wälder endlich befreien. Die moderne norwegische Literatur, ihr in Deutschland wohl bekanntester Vertreter ist Knut Faldbakken, legt Wert darauf, am internationalen Maßstab gemessen zu werden und nicht an der einstigen Provinzialität des Fjordbauernlandes.

Das moderne Norwegen will Partner der europäischen Staaten sein, ohne dabei seine kulturellen Traditionen aufzugeben oder die Liebe zu Fjord und Fjell verleugnen zu müssen.

Hauptportal des Trondheimer Nidaros-Doms. Der Bau wurde 1869 unter der Leitung des Leipziger Architekten Heinrich Ernst Schirmer begonnen und von dem Norweger Christian Christie, der den Bildhauer Gustav Vigeland mit der Fassadengestaltung beauftragte, weitergeführt.

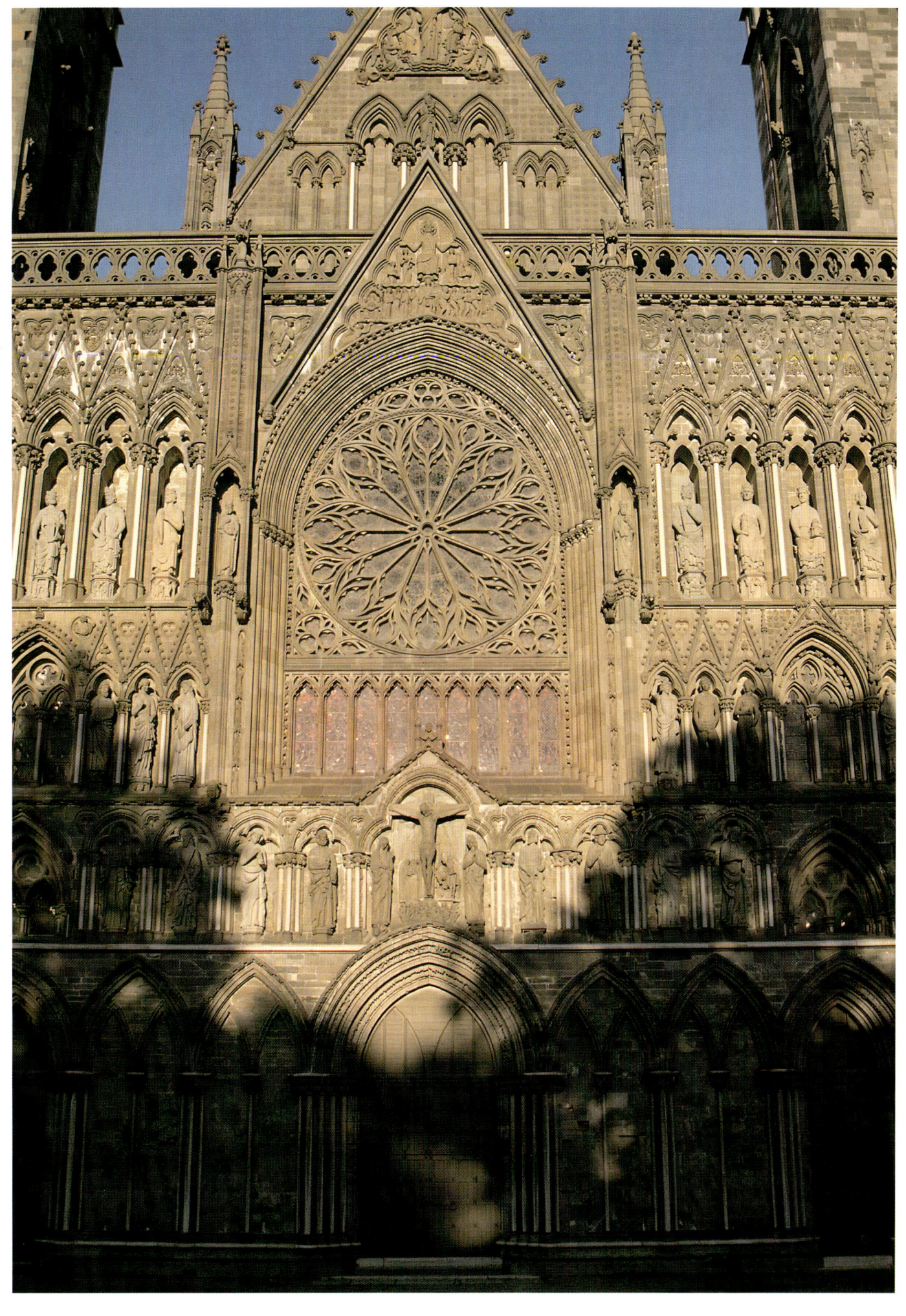

Nächste Doppelseite: Das «Venedig Norwegens». Blick auf die Hafenstadt Ålesund, die nach einem Großbrand 1904 mit Unterstützung des deutschen Kaisers Wilhelm II. wiederaufgebaut wurde. Im Zentrum der Altstadt stehen sehr schöne Jugendstilhäuser.

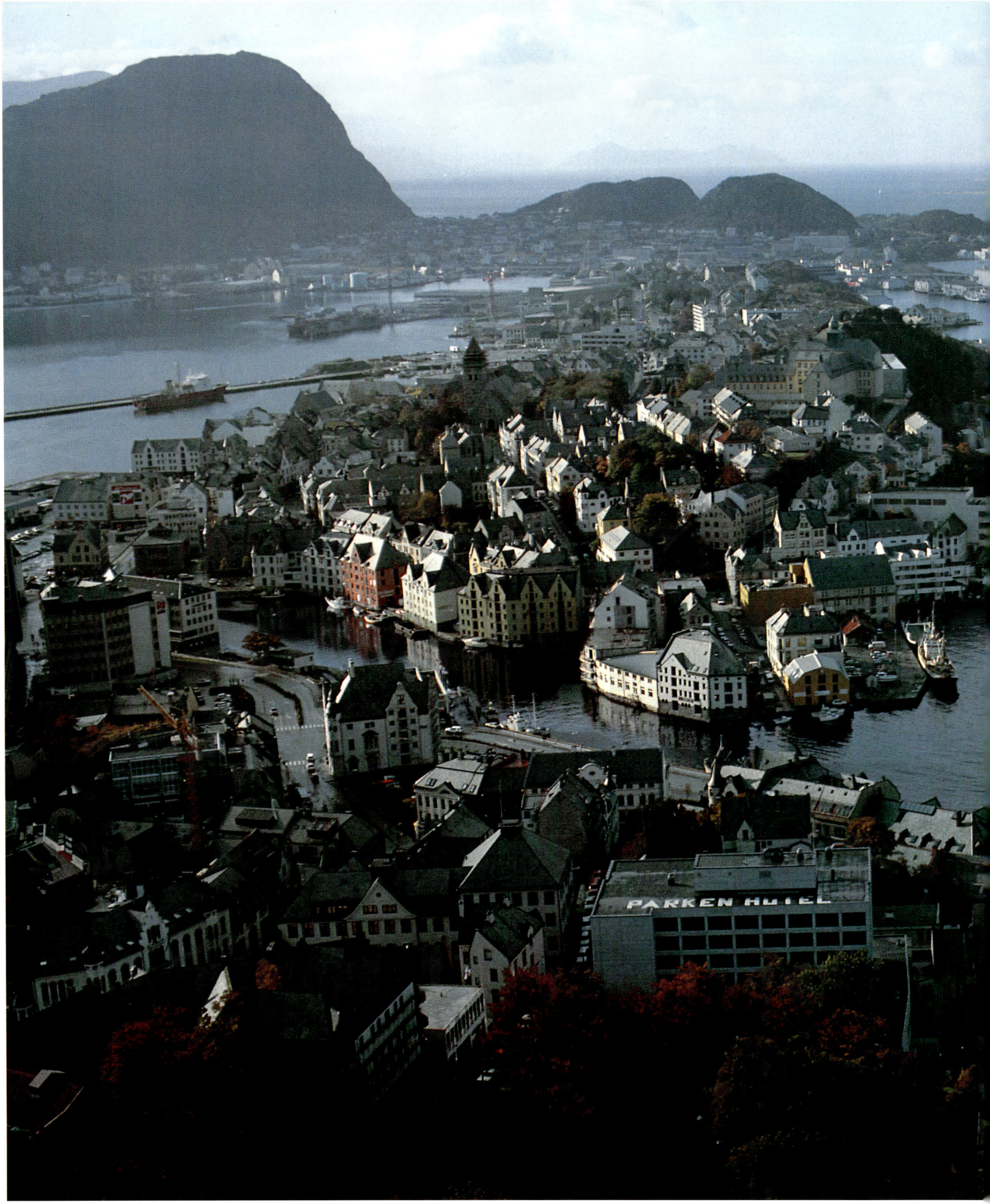
PARKEN HOTEL

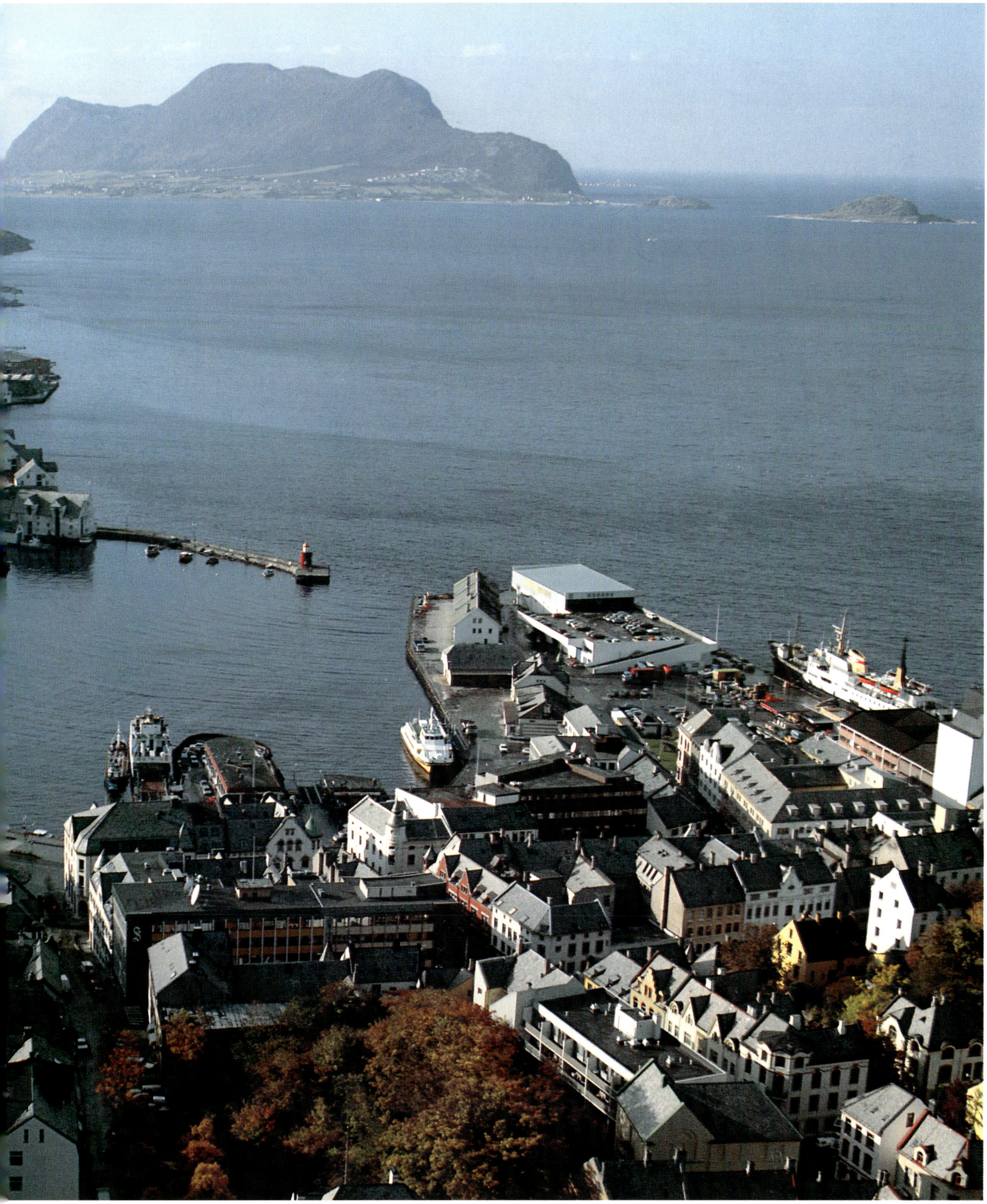

Nachbau eines Wikinger-Drachenbootes im Lustrafjord, einem nordöstlichen Nebenarm des Sognefjords, der von hier bis zum Meer etwa 175 Kilometer lang ist. Die Drachen-Gallionsfiguren an Heck und Bug der Wikingerschiffe sollten böse Geister abwehren und eine gute Fahrt bzw. einen siegreichen Kampf garantieren. Heute können Touristen kleine Fjordrundfahrten mit diesen Booten machen.

Die Langfjordfähre verkehrt zwischen Soles und Afarneg (Provinz More og Romsdal).

Im Hafen von Trondheim. Die Stadt erlebte ihre wirtschaftliche Blüte im 17. und 18. Jahrhundert und wurde nach der Trennung Norwegens von Dänemark 1814 zu einem wichtigen mittelnorwegischen Handelszentrum.

Nächste Doppelseite. Oben, links: Die 1150 in Borgund errichtete Stabkirche gehört zu den besterhaltensten Norwegens. Oben, rechts: Heide und verwitterte Wurzeln am Vilnesfjord nördlich des Sognefjords. Unten: Auf der Europastraße 6 bei Borgund in der Provinz Oppland.

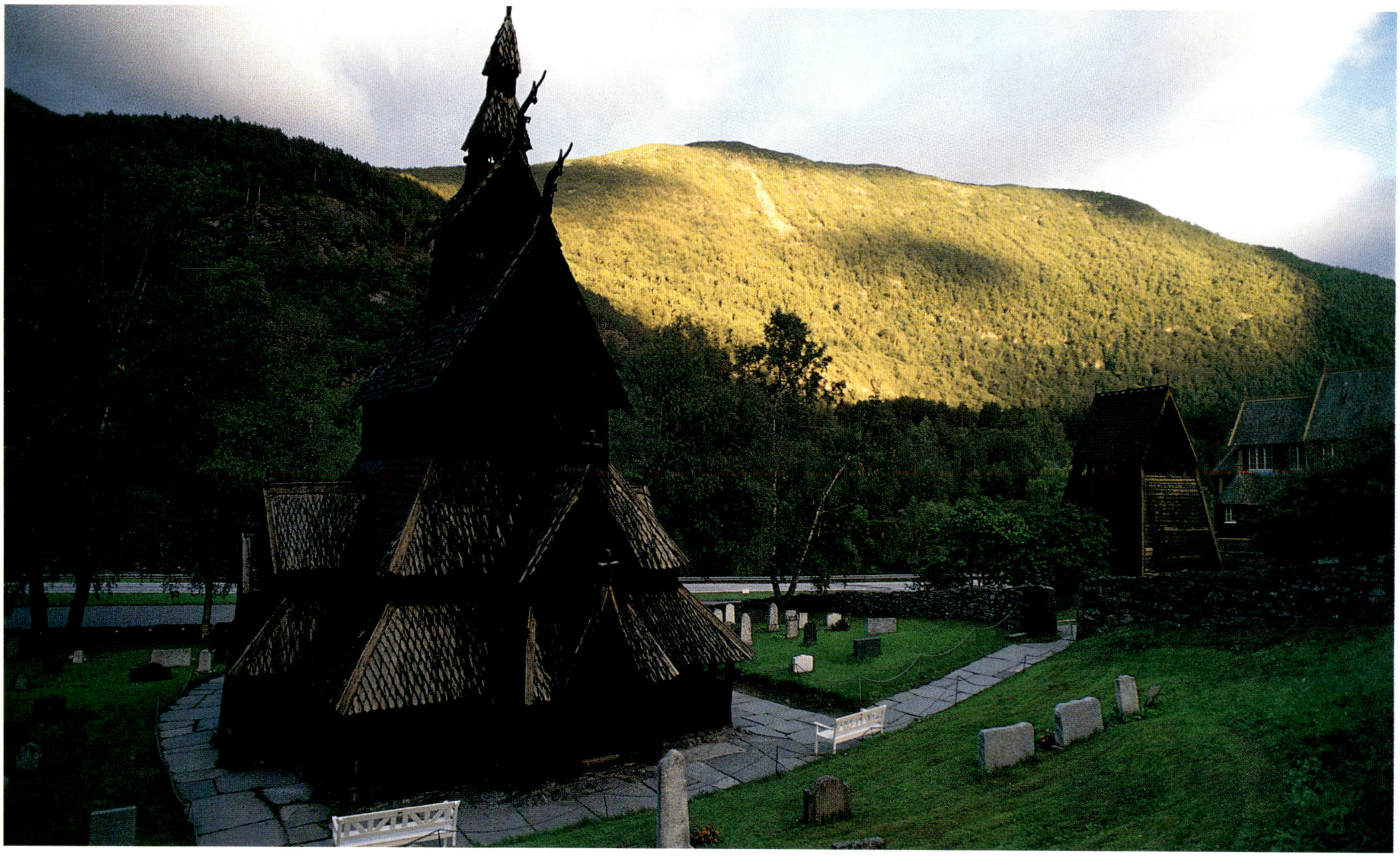

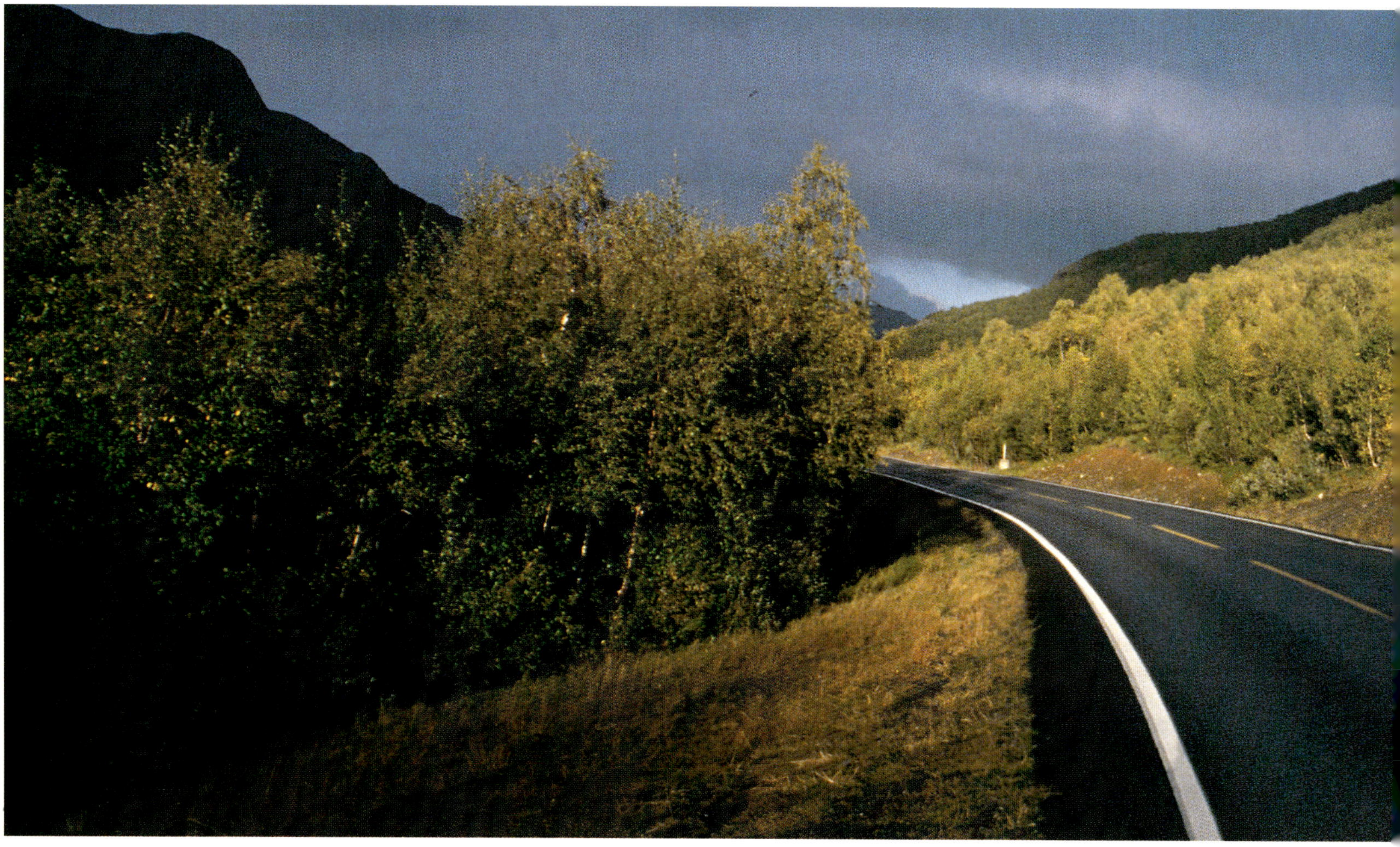

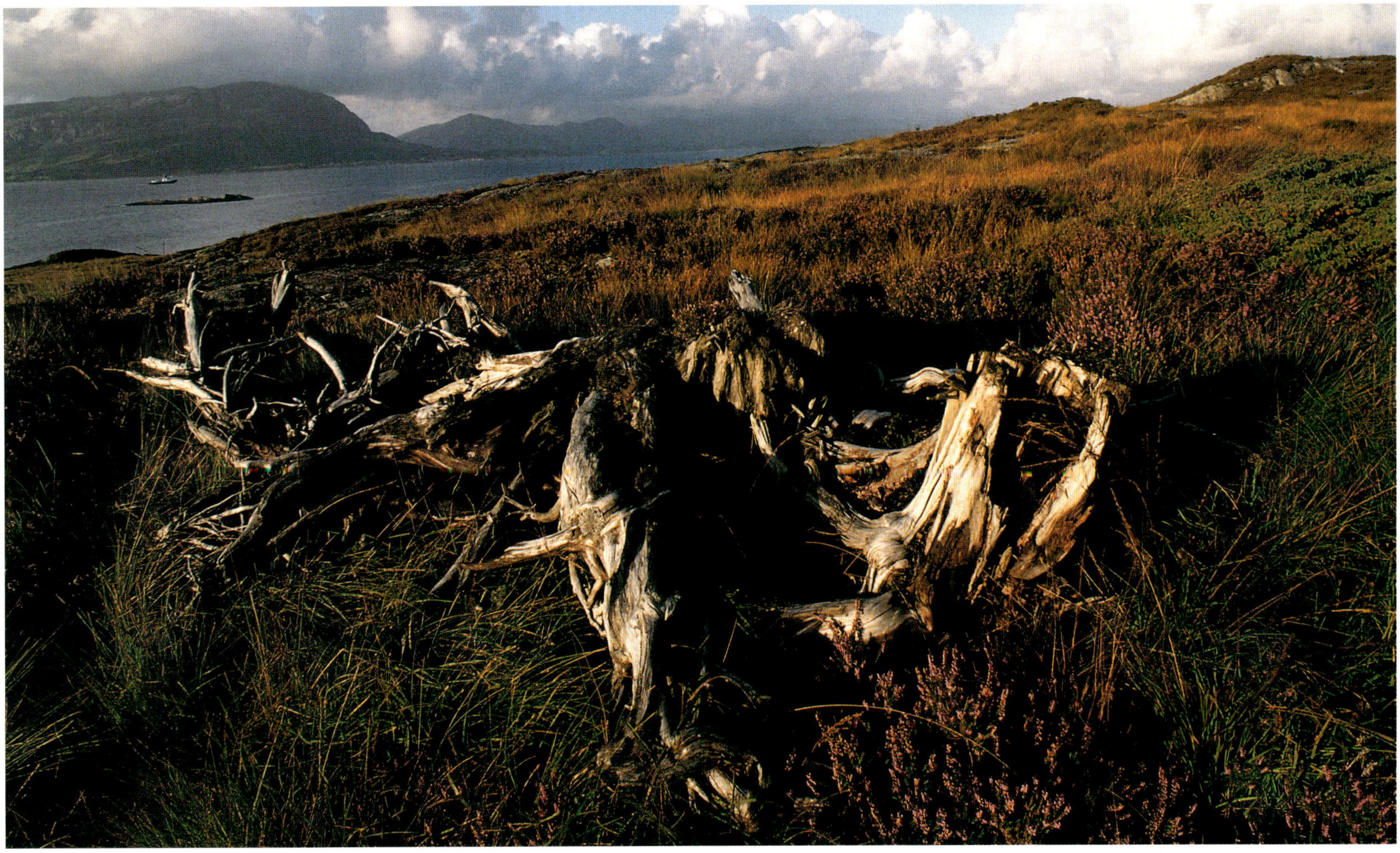

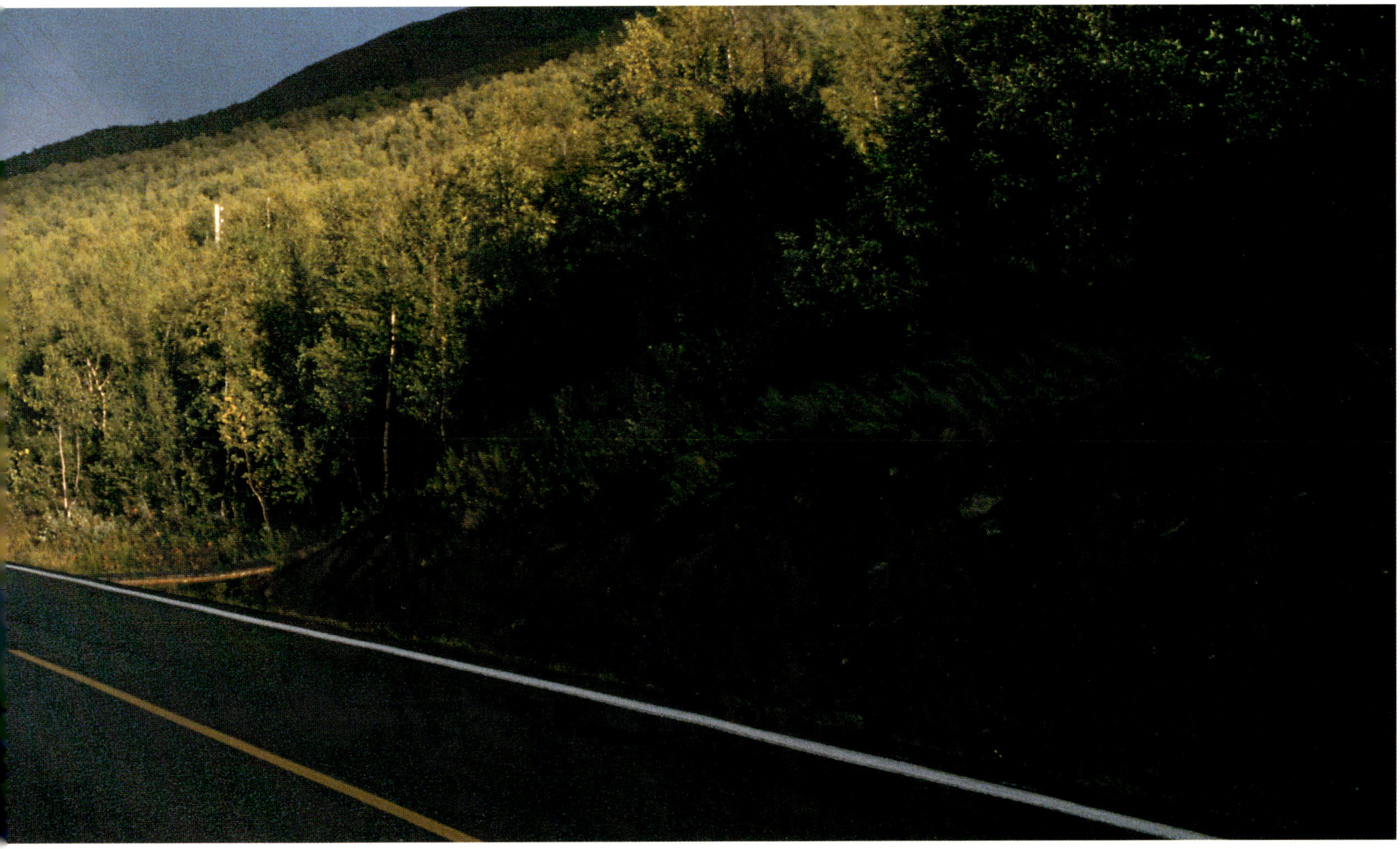

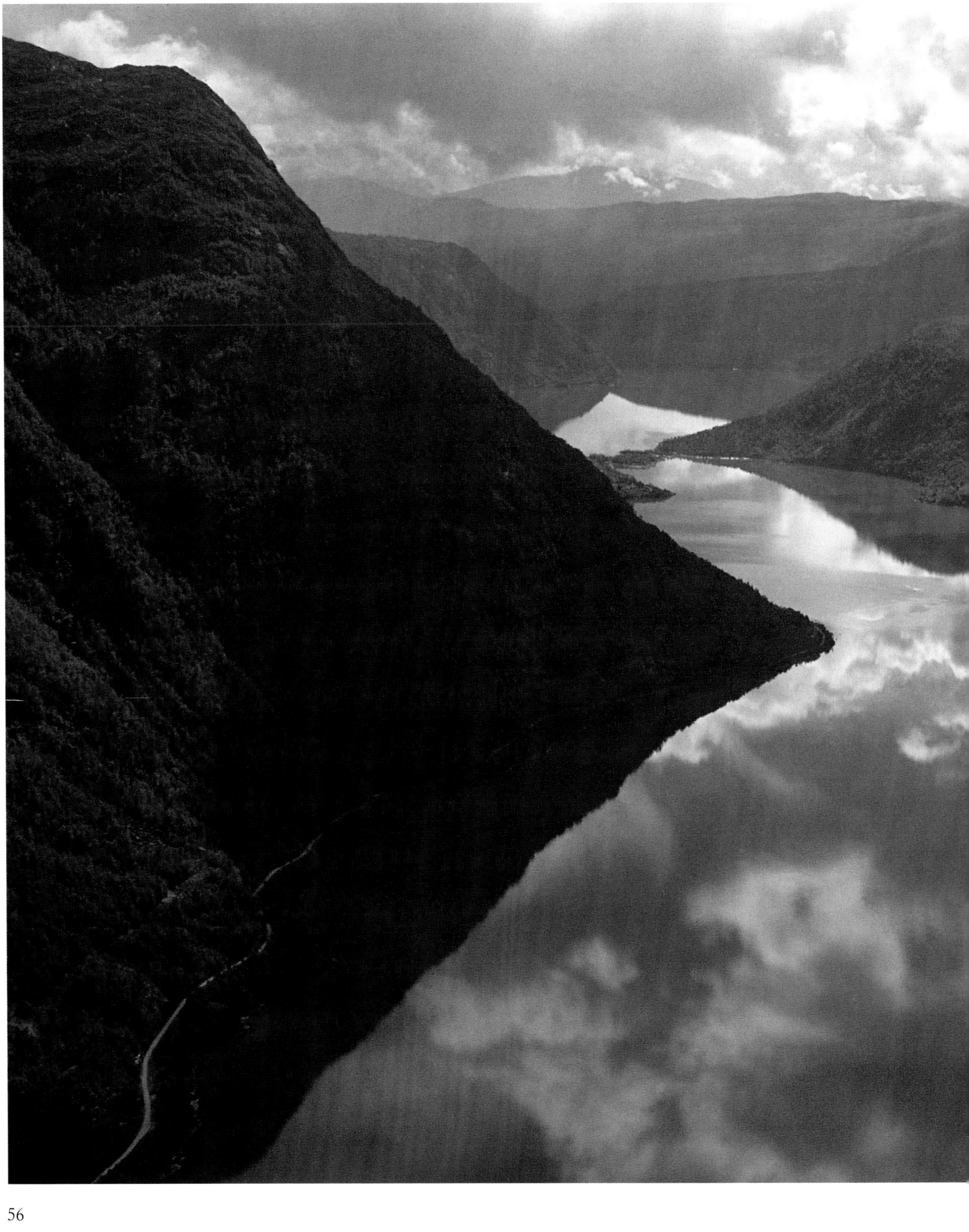

57

Das Plateaugletschergebiet Jostedalsbreen erstreckt sich auf einer Höhe von 2000 Metern über eine Eisfläche von 486 Quadratkilometern. – Oben: Snauedalen; unten: die Ausläufer des Suphellenipa-Gletschers.

Vorherige Doppelseite: Der Fjord von Veitastrondsvatnet unterhalb des Gletschergebietes Jostedalsbreen.

Von Südwest nach Nordwest ist der Jostedalsbreen etwa 70 Kilometer lang, seine Eismächtigkeit erreicht eine Stärke von 500 Metern. – Oben: Gletscherzunge vom Kateenakken; unten: Felsen im Langedalen.

Gasse im alten Zentrum der Hafenstadt Bergen, der zweitgrößten Stadt Norwegens. Sie wurde um 1070 von König Olav III. Kyrre gegründet und war im 12./13. Jahrhundert Hauptstadt. Vom 13. bis zum 16. Jahrhundert bestimmte die Hanse die Wirtschaft Bergens.

Kaufmannshöfe, Handelskontore und Lagerhäuser aus der Zeit der Hanse im Bergener Bryggen-Viertel. Die zahlreichen Holzhäuser wurden aber erst nach dem großen Brand von 1702 errichtet.

Die Tyske Bryggen (Deutsche Brücke) war das Wohn- und Handelsviertel der deutschen Hanse-Kaufleute in Bergen.

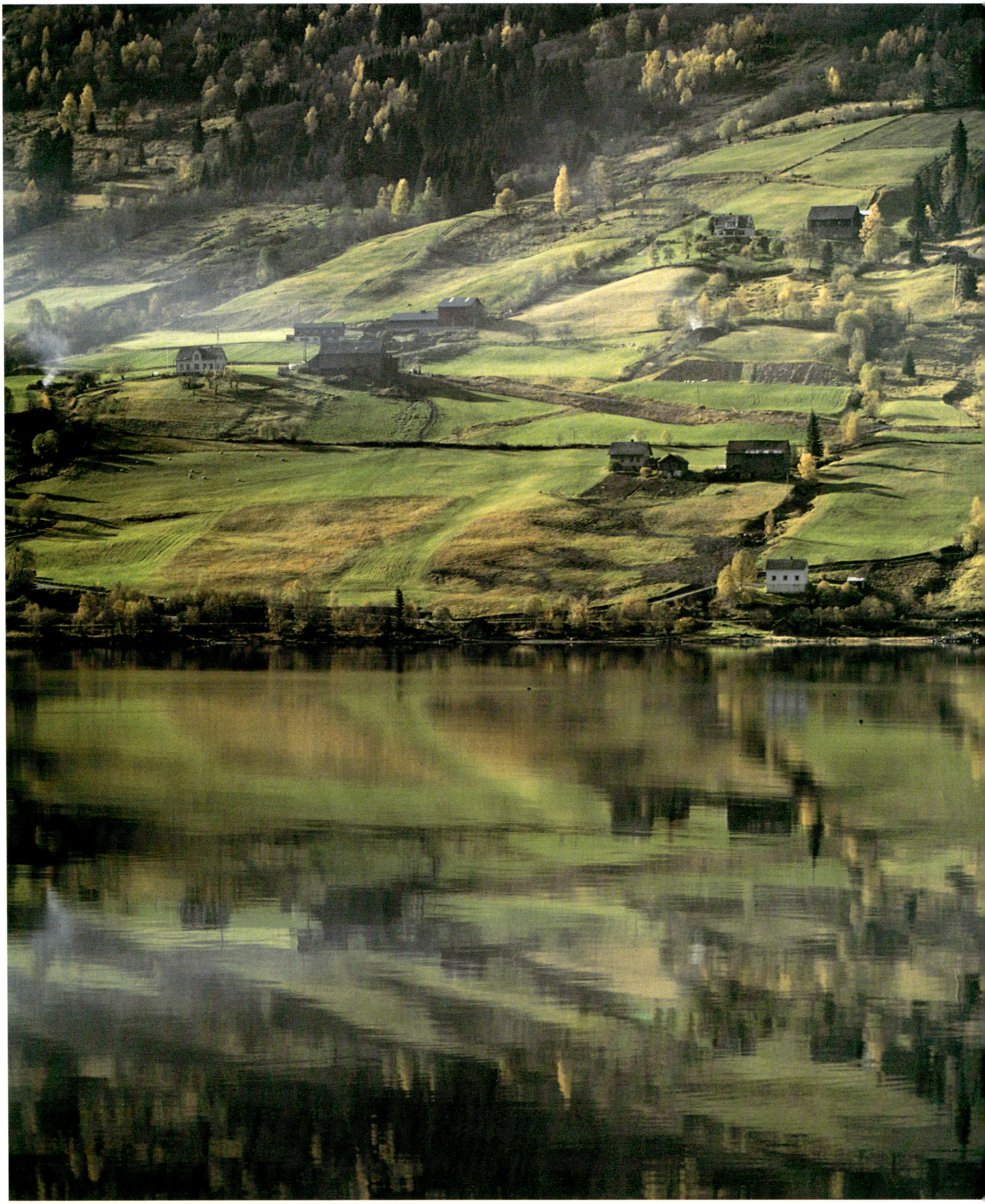

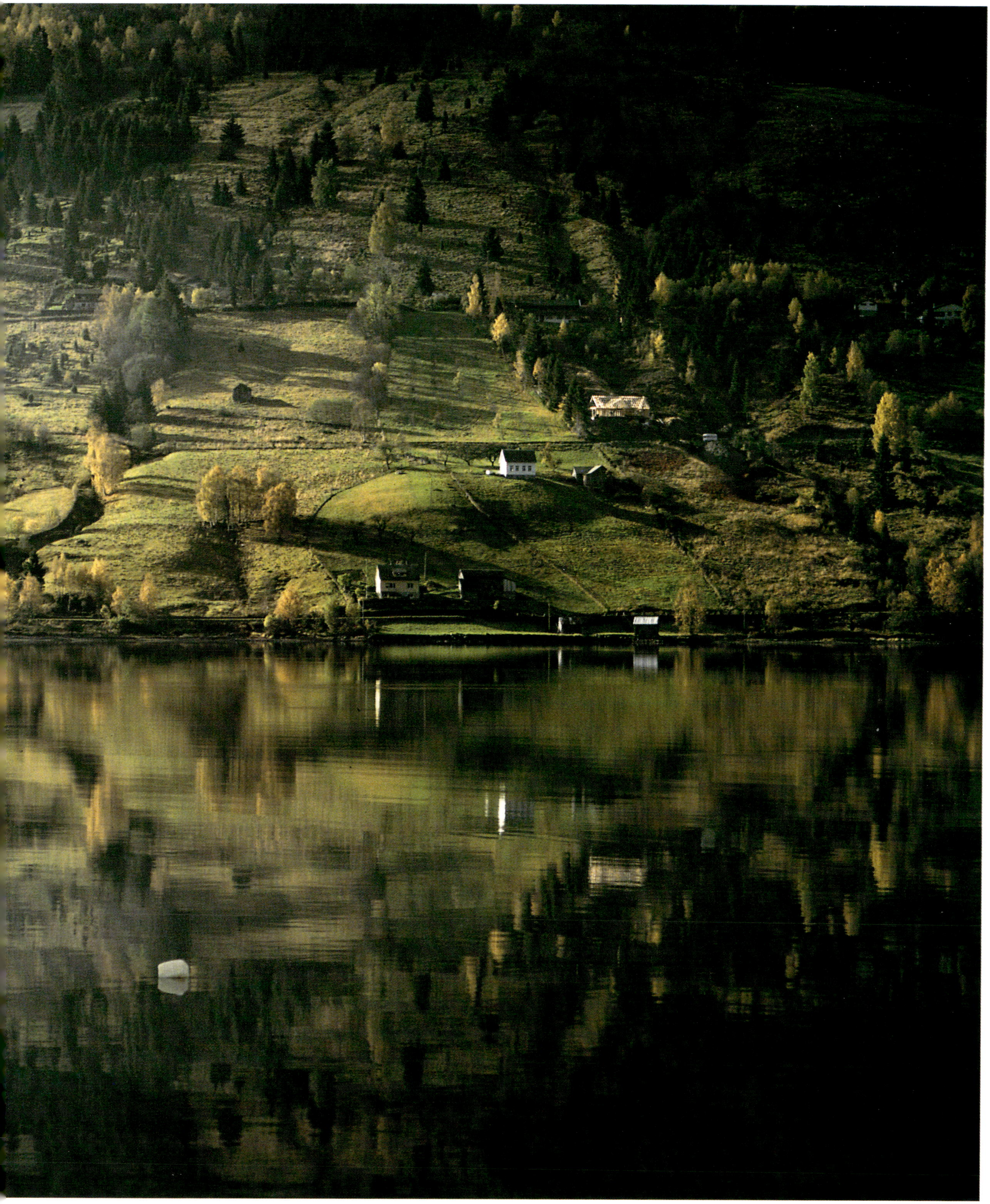

Die Stabkirche von Kaupanger besteht aus zwanzig Masten. Der Innenraum der Kirche ist in seiner ursprünglichen Form noch gut erhalten, das Äußere wurde hingegen in den letzten Jahren modernisiert.

Vorherige Doppelseite: Von der kleinen Ortschaft Olden am Innvik- oder Nordfjord führt ein Wanderweg zum Briksdalsbre-Gletscher; beliebt sind von hier aus auch Kutschfahrten zum ewigen Eis.

Abenteuer am Polarkreis – Reisebilder aus dem 19. Jahrhundert

Ferdinand Krauß' Nordlandfahrt im Jahr 1888

Du armes, steiniges Norwegen, du ödes, trostloses Nordland, du trauriges Finmarken mit deiner vegetationslosen Tundra, was hat die Natur, die weise, allgütige Vorsehung für euch gethan, welche Gaben hat sie euch gewährt? So könnte man wohl vorwurfsvoll fragen. Und wir können antworten: Die Schöpfung gewährte in ihrem unerforschlichen Rathschlusse euch drei herrliche Gaben; sie bevölkerte das Meer mit unermesslichen Scharen von Fischen, den Früchten des Meeres, sie lenkte den warmen Golfstrom nach eurer West- und Nordküste, um das Meer offen zu halten für eure Boote und das rauhe Klima zu bekämpfen und zu mildern, sie gab euch den purpurrothen Schein der Mitternachtssonne, die mit ihren Strahlen in einem einzigen, ewigen Tag, der nach Monaten zählt, die öden Felsenwüsten der Tundra verschönert und verklärt, und wunderbar schnell aus dem starren Fels ein reiches Pflanzenleben erweckt und die Saat des Landsmannes zur Reife bringt.

Diese drei Gaben hat die Natur dem Nordland vorbehalten und sie machen uns allein das Räthsel der Existenz der Menschen in diesem Gewirre von kahlen Felsenspalten und zerrissenen starren Riffen und Eilanden erklärlich.

Mit dem Postschiff unterwegs

Die ungeheueren Entfernungen Skandinaviens werden sich uns auf der eigentlichen Nordlandsfahrt, welche die 210 norwegische Meilen lange Strecke Drontheim–Vadsø umfasst, in sehr empfindlicher Weise geltend machen; braucht doch das Postschiff zu dieser Fahrt nicht weniger wie 7 bis 8 Tage, somit tour und retour mindestens 14 bis 16 Tage; das Schiff wird somit wochenlang unser Heim bleiben und es wird daher eine der ersten Aufgaben jedes Nordlandsfahrers sein, sich ein gutes Schiff und vor Allem eine eigene Cabine zu sichern.

Die vereinigten Bergenser und Nordenfjeldske Dampfschiffsgesellschaften unterhalten drei regelmäßige Routen zwischen Hamburg–Vadsø und Christiania–Hammerfest und Nordcap anlaufend; die Schiffe dieser Routen sind zugleich Postschiffe, berühren abwechselnd viele Orte der Inseln wie der innersten Fjorde und ziehen auch die ganze Kette der Lofodden entlang.

Außer diesen Postschiffen unterhalten die Gesellschaften auch bisher zweimal wöchentlich (jetzt dreimal wöchentlich projectirt), während der Dauer der Mitternachtssonne eine specielle Touristen-Route zwischen Drontheim bis Nordcap, welche von einigen mit besonderem Comfort eingerichteten, großen Dampfern tour und retour in acht Tagen zurückgelegt wird. Beide Routen haben ihre speciellen Vortheile und Nachtheile. Die Postschiffe erlauben, auf jedem beliebigen Punkte das Schiff zu verlassen, die Monotonie der Fahrt zu unterbrechen und Landtouren zu machen, insbesonders können wir auf ihnen mit dem norwegischen Volke in innigen Verkehr treten. Lehrer und Professoren, die von einer Station in eine andere übersetzt wurden, Studenten, die auf Ferienreisen begriffen sind, und Kaufleute, die von Handels- oder Vergnügungsreisen heimkehren, finden sich nahezu immer unter der Reisegesellschaft und sind stets bereit, meist in deutscher Sprache uns über alle Fragen die interessantesten Aufschlüsse zu geben, ebenso bieten das Aus- und Einladen der Waren, der Besuch befreundeter Familien auf dem Schiffe, kleine Ausflüge in das Land bei längerem Aufenthalt und namentlich der Verkehr

Walfischfänger im Eismeer (Foto, 1895). – Einst hatte der Walfang eine weit größere Bedeutung als heute. Mittlerweile ist das gesamte norwegische Fischereiwesen in eine Existenzkrise geraten, da die Fanggründe vor der Küste so gut wie leergefischt sind.

mit den Deckpassagieren, meist aus Fischern, Lappen ec. bestehend, dem Reisenden dankbarsten Stoff zu Beobachtungen. Wer somit über genügend Zeit zu verfügen hat, unabhängig reisen und dabei Land und Volk möglichst gründlich kennen lernen will, wird mit den Postschiffen fahren. Die Touristenschiffe dagegen bieten wieder den Vortheil, mit größtem Comfort in der kurzen Zeit von 8 Tagen die ganze Tour bis zum Nordcap und zurück, unter Berührung der landschaftlich großartigsten Punkte der Westküste, darunter auch die Fahrt durch den wilden Raft-Sund und den von Eisfeldern umschlossenen Tyngen-Fjord, welche von den Postschiffen nur tangiert werden, rücklegen zu können. Der Tourist ist hier jedoch an sein Schiff gebunden und muss auch bei Eintritt von schlechtem Wetter die einmal begonnene Tour ununterbrochen fortsetzen und auf den früher erwähnten innigen Contact mit der einheimischen Bevölkerung verzichten.

Der Fahrpreis im Jahr 1888

Die Fahrpreise stellen sich auf den Postschiffen mit 40 Øre erster und 25 Øre zweiter Classe per Meile, wobei jedoch bei Touren über 20 Meilen Tour-Retourbillets mit 25% Nachlass ausgegeben werden. Der Fahrpreis für die Route Drontheim–Nordcap und retour, welche 10 Tage erfordert, beträgt erster Classe 120 Kronen, dazu für 10 Tage die Verköstigung am Schiffe, pauschaliert mit 5 Kronen 50 Øre (sammt Trinkgeld) pr. Tag, zusammen 55 Kronen; somit stellen sich die Gesammtkosten für die Nordlandsfahrt inclusive Verköstigung (ohne separate Weine) mindestens auf 180 Kronen.

Auf den Touristikschiffen stellt sich der Preis für die achttägige Fahrt sammt voller Verköstigung auf 265 bis 275 Kronen (genau 284 bis 307 Mark), und wer sich mit einem Schlafplatz im allgemeinen Salon begnügt, kann selbst um 220 Kronen das Touristenschiff, welches ausschließlich für Passagiere erster Classe bestimmt ist, benützen. Wer mit Familie auf den Postschiffen reist, erhält weitere, bedeutende Ermäßigungen; so zalt z.B. die Gattin eines Passagiers oder ein Kind desselben nur den halben Preis; diese Fahrpreisermäßigungen werden jedoch bei den Touristenschiffen nicht gewährt.

Bereits vor hundert Jahren hatte man sich auf den immer beliebter werdenden Fjord-Tourismus eingestellt: Kutschen stehen für Ausflüge der Kreuzfahrtteilnehmer in die herrliche Landschaft bei Judvangen im Naerøyfjord bereit (Foto, um 1900).

Combinieren wir somit die gesammten Fahrtkosten einer Nordlandsfahrt, so stellen sich die Kosten über Stettin, wie folgt: Stettin–Christiania per Dampfschiff I. Classe 48 Kronen, Christiania–Drontheim, Bahn, II. Classe 30 Kronen; Drontheim–Nordcap und retour Postschiff I. Classe 120 Kronen, Drontheim–Hamburg Schiff I. Classe 76 Kronen, somit im Ganzen von Stettin–Nordcap und zurück nach Hamburg auf mindestens 274 Kronen, dazu kommen die Verköstigungskosten ec. mit mindestens 6 bis 10 Kronen per Tag, und bei Landrouten die Kosten per Tag, und bei Landrouten die Kosten für Cabriolet ec. Unter 600 Kronen wird somit eine vier- bis fünfwöchentliche Nordlandsfahrt selbst bei bescheidenen Ansprüchen nicht auszuführen sein.

Eine Kajüte in der Ersten …

Die Cajüte I. Classe hat einen stets sehr elegant eingerichteten, ringsum von sammtgepolsterten Bänken umgebenen Salon, mit Pianino und Blumenflor, der durch mächtige Windfänger stets frische Luft zugeführt erhält, daran schließen sich längs der Schiffswände beiderseits 5 bis 6 Cabinen, darunter die Cajüte des Capitäns, wovon nur die Damencabine eine größere Anzahl Betten enthält, während die übrigen Cabinen nur zwei Betten und ein Sammetsopha enthalten. Die übereinander angebrachten Betten hängen in Gurten und bestehen aus einer elastischen Federmatratze nebst dem gewöhnlichen Bettzeug; die Beleuchtung mit elektrischen Glühlampen ist erst auf wenigen Schiffen eingeführt. Dagegen ist nicht nur jede Cabine, sondern es sind auch der Salon, das Damenboudoir und das Rauchzimmer mit der Restauration telegraphisch verbunden; eine elegante Toilette mit completem Waschservice vervollständigen das Ensemble der Cabine, die durch eine runde Schiffsluke erleuchtet wird.

oder in der Zweiten Klasse

Eine Ermäßigung der Reisekosten könnte bei Dampfschiffen nur durch Benützung der II. Classe ermöglicht werden; die Benützung der II. Classe ist jedoch auf einer Fahrt, wo man wochenlang auf den engen Raum des Schiffes gebunden ist, durchaus abzurathen.

Seit Mitte des 19. Jahrhunderts ist der Holmenkollen ein vielbesuchtes Naherholungsgebiet. Seit 1892 werden hier oberhalb von Oslo Skisprung-Wettbewerbe ausgetragen. Das dortige Hotel bot schon um die Jahrhundertwende für den Gast jeglichen Komfort (Foto, 1905).

Die II. Classe liegt im Gegensatz zu der I. Classe, die im Vorderraum des Schiffes placiert ist, rückwärts in der Nähe der Küchen und Dampfkessel und bietet der kleine dumpfige Salonraum der zweiten Cajüte einen wenig erträglichen Aufenthalt für den durch die lange Fahrt ohnehin meist sehr abgespannten Touristen. Dagegen stehen die Cabinen verhältnismäßig, namentlich was die Betten betrifft, den Cabinen erster Classe wenig nach und so mag, wenn der Capitän, wie meist der Fall, ein jovialer Mann ist, der den Begriff der zweiten Cajüte nicht zu engherzig auffasst, und unter tags sich um die Amalgamierung der Passagiere erster und zweiter Classe nicht kümmert, ein Tourist mit kleinem Beutel immerhin sein Glück mit der zweiten Cajüte versuchen.

Es muss bei einer Nordlandsfahrt unsere erste Sorge sein, sich den Besitz so eines kleinen, reizenden Zimmerchens zu sichern, denn das Gefühl für alle Fälle eine Heimstätte zu haben, gibt uns Kraft und Muth, um dem Ungemach einer derartigen Reise leichter zu trotzen. Zu diesem Zwecke ist es nothwendig, schon in Christiania, bei dem Expeditor der Gesellschaft, Berg-Hansen, der die Pläne aller Schiffe besitzt, oder bei den Comptoiren der Gesellschaft in Bergen und Drontheim brieflich oder telegraphisch sich eine Cabine zu bestellen; wer aber dieses versäumt hat, begebe sich mindestens sogleich nach seiner Ankunft in Drontheim auf das Schiff, welches hier mindestens einen Tag liegt, und trachte noch eine Cabine zu acquiriren. Die Vertheilung der Cabinen und die Unterbringung der Passagiere ist meist Sache des Opvarters, des Kellners, der leider nahezu ausnahmslos kein Wort deutsch versteht. Es ist dies ein Übelstand, der sich namentlich bei der Abrechnung am Schlusse einer Reise oft recht unangenehm fühlbar macht, denn diese Herren sind schon meist von der Cultur stark beleckt und bei Remonstrierung gegen Übervortheilung recht schwerhörig geworden.

Verpflegung an Bord

Nachdem wir nun schon einmal bei dem Küchenpersonale angelangt sind, so möchten wir uns auch gleich mit der nicht unwichtigen Frage von Tisch und Tafel näher befassen.

Die Karl Johans Gate ist Oslos Prachtstraße. Ein Vergleich der Bilder von gestern – hier aus dem Jahr 1908 (siehe auch Seite 44) – und von heute (Seite 40) zeigt ihr unverwechselbares und kaum verändertes Gesicht.

Die Küche ist auf allen nordischen Dampfschiffen überaus opulent, leidet jedoch, namentlich was Suppe und Gemüse betrifft, an großer Monotonie. In früher Morgenstunde wird zuerst Thee und Kaffee serviert, was jedoch der Nordländer noch nicht zum Frühstück zählt, erst um 8 bis 9 Uhr tönt die große Glocke, mit welcher der Opvarter die Table d'hôte zusammenläutet.

Mit dem Zug von Christiania nach Kongsberg

Wir hatten den wöchentlich im Zeitungsformat erscheinenden Fahrplan aller Bahn- und Dampfschifflinien Norwegens, den «Norges Comunicationer», diesen Katechismus aller Nordlandfahrer, gründlich studiert, und da stand es schwarz auf weiß, dass heute Abends 10 Uhr der «Björgvin» von Christiania nach Stavanger auslaufen wird; aber ein Sturmwind war dem «Björgvin» über Nacht in die Spieren gefahren und hatte ihn tüchtig zerzaust und nun lag er seekrank im Dock. Nun hieß es, zwei Tage in Christiania warten oder quer durchs Land zu wandern; da blickten wir nach den Bergen Thelemarkens und die Wahl wurde uns leicht.

Unser Gepäck ward nach Drontheim dirigiert, wir aber wanderten nach dem Westbahnhofe. Da stand schon der kleine Zug, der uns ins Land führen sollte. Die kleinen Wagen sind recht bequem, die Bänke laufen in dem einen nach der Quere, in dem anderen nach der Länge durch, und wenn es bei uns Coupés für Nichtraucher gibt, so hat man hier eigene Rauchcoupés. Wir hatten einen Wagen mit einer kleinen, der Länge nach durchlaufenden Bank gewählt, und blickten nun gerade in die reizende Landschaft hinaus. Es ist eine ganz herrliche Fahrt; hart an den Ufern des Fjordes geht es hin an lauschigen Buchten, an dunklen Waldeshängen mit schimmernden, blendend weißen Landsitzen, an saftig grünen Wiesen und wogenden Kornfeldern, alles immer umrahmt von den tausend Armen und Adern des Fjordes und in scharfen Contouren sich von der leuchtenden Meeresflut abhebend, die hier stets mit ihrer ungeheueren goldigen Fläche einen imposanten Hintergrund bildet.

Ein sogenanntes Stabbur (Vorratshaus), das zu jedem Bauernhof gehörte und getrennt von anderen Wohngebäuden und Stallungen stand, wurde auf der Museums-Halbinsel Bygdøy bei Oslo originalgetreu wieder aufgebaut.

Bald beginnt die Bahn sich jedoch tiefer ins Land und an den Hängen hinanzuziehen. Der anmuthige Charakter der Gegend weicht einer felsigen Landschaft, immer tiefer senkt sich die Bahn zwischen den steilen Porphyrbergen hinein, und nur selten erfreut uns der Anblick eines Stationsgebäudes, welches mit seiner zierlichen Holzarchitektur eher an einen schmucken Landsitz als an ein profanes Stationshaus erinnert. Endlich durchbricht die Bahn in einem kurzen Tunnel den Felsenrücken und jetzt entrollt sich vor uns ein ganz wundervolles Panorama; es ist, wie wenn wir, wenn der Zug den Apennin durchbrochen hat, nun hinabblicken in das blühende Thal des Arno mit dem herrlichen Florenz und doch so unendlich schöner; in weitem Bogen senken sich, von hohen Bergen umrahmt, nach allen Seiten die grünen Hänge zum Drammens-Fjord, der seine stets von zahllosen Booten und Schiffen belebte blaue Flut weit ins Land schiebt; an seinem Ende, in weitem Bogen die Ufer umsäumend, zieht sich das industriereiche Städtchen Drammen mit seinen blendend weißen Häusern hin, dessen Holzausfuhr sich jährlich allein auf über drei Millionen Gulden bewertet. Wie wir so, in weitem Bogen uns zum Fjord niedersenkend, dahinfahren, sind wir kaum 120 Meter über dem Meere und doch schon mitten in der Alpenregion. Hier weiden große Herden mit prächtigen Rindern an den Hängen, dann kommt die schwarze Masse der Fichten- und Tannenwälder, und zu unterst leuchten die Fruchtfelder und Wiesen heraus, auf welchen die Miliztruppen ihre Zeltlager aufgeschlagen hatten; das gibt einen wundervollen Rahmen für die Meeresflut, wie man ihn nicht schöner zu denken vermag.

In der Station Hougsund gab es «varm Frokost», das ist die beneidenswerteste Einrichtung der nordischen Bahnen. Treten wir in die Restauration zweiter Classe, so werden wir durch ein brillantes Buffet von reichlich dreißig bis vierzig Schüsseln überrascht; von der Büchse mit Sardinen bis zum geräucherten oder in Butter gebratenen Lachs, vom Spiegelei bis zum Roastbeef und ausgezeichneten, warmen Gemüse sind hier alle Delicatessen, welche die nordische Küche zu bieten vermag – und das heißt nicht wenig – reichlich

Fortsetzung Seite 79

Die für Norwegen so typische Stavkirke (Stabkirche) darf natürlich im Freilichtmuseum Bygdøy nicht fehlen.

Nächste Doppelseite: Ein Blick vom Egersberg auf das alte Oslo, das von 1624 bis 1925 Christiania hieß (Foto, 1895).

71

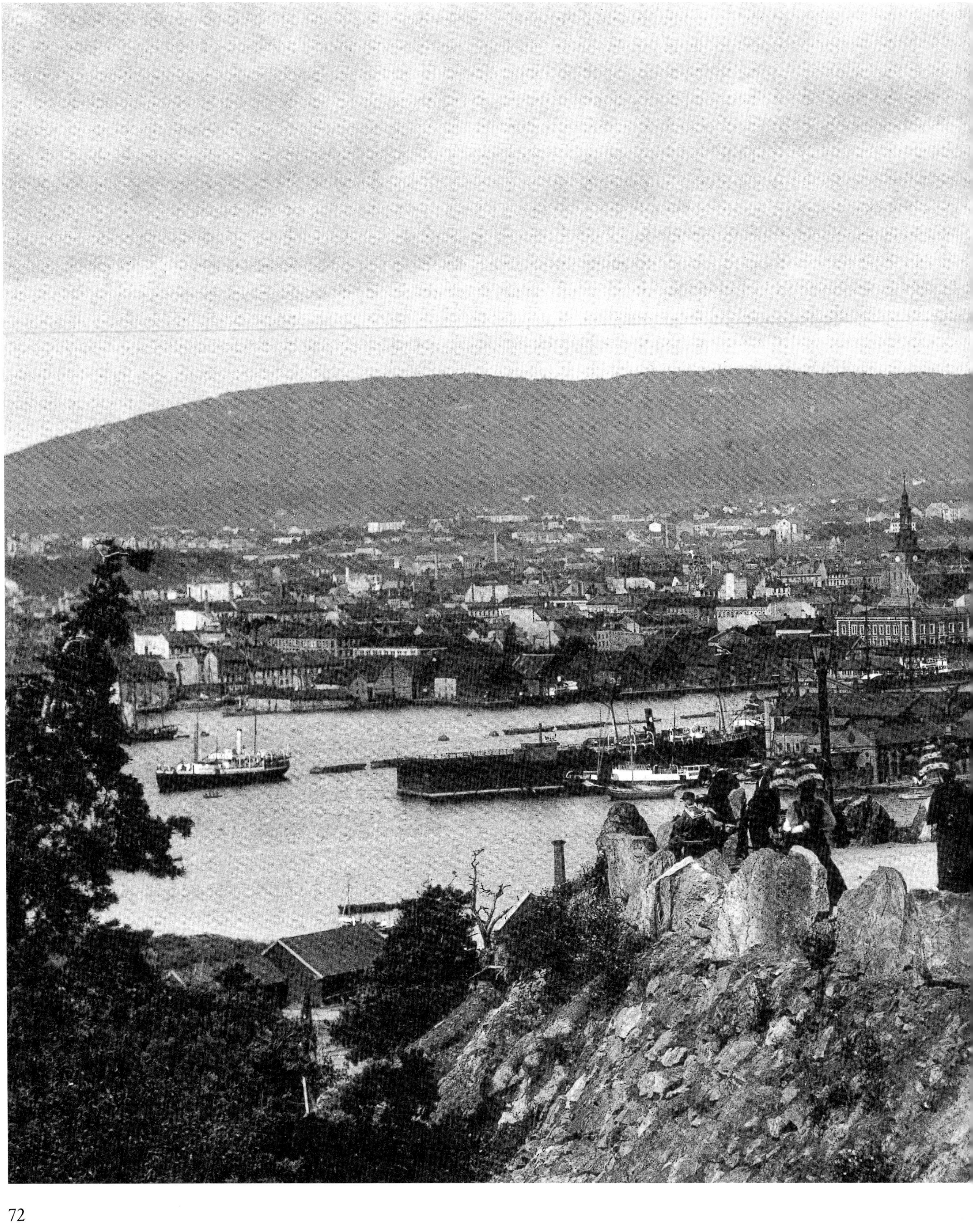

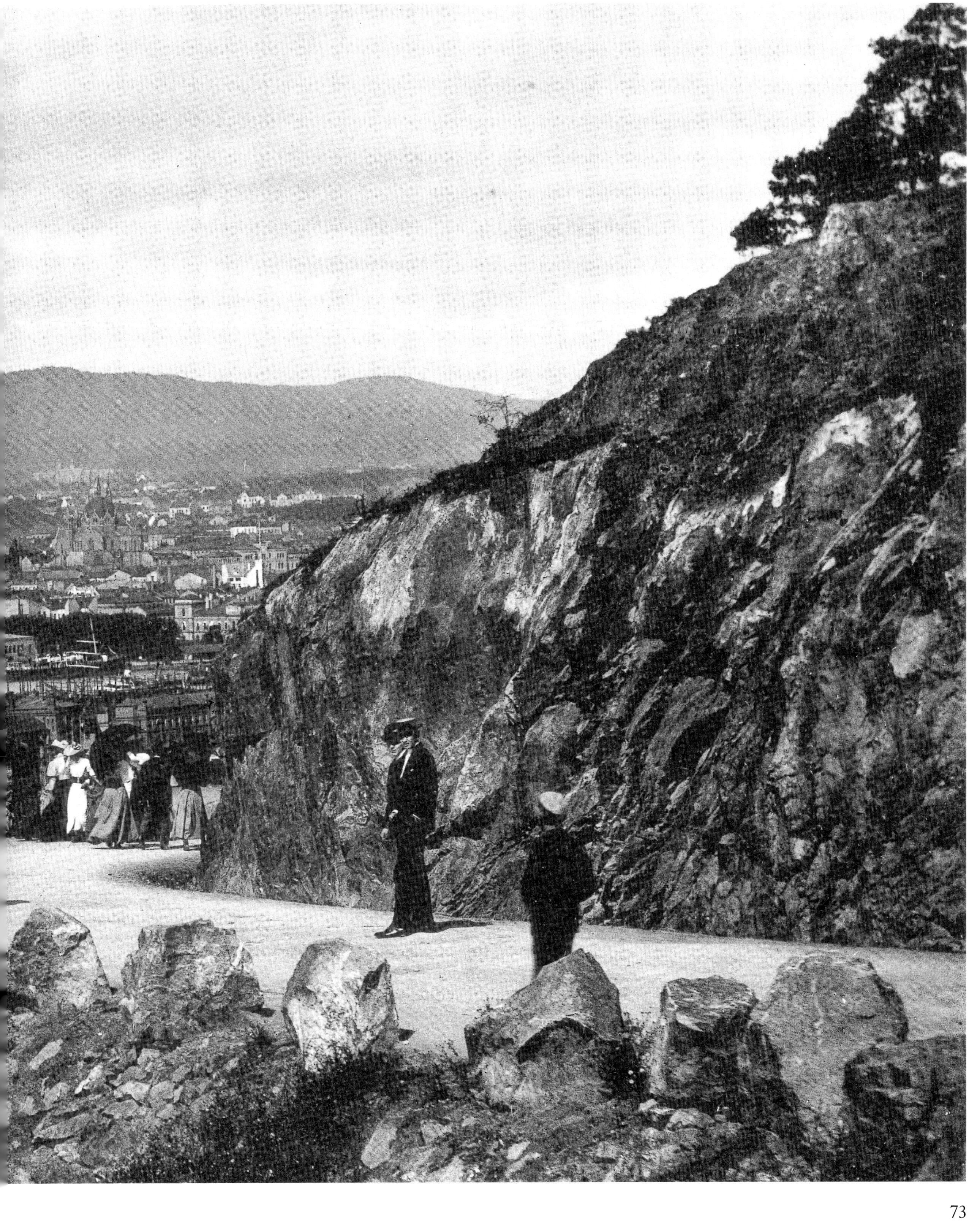

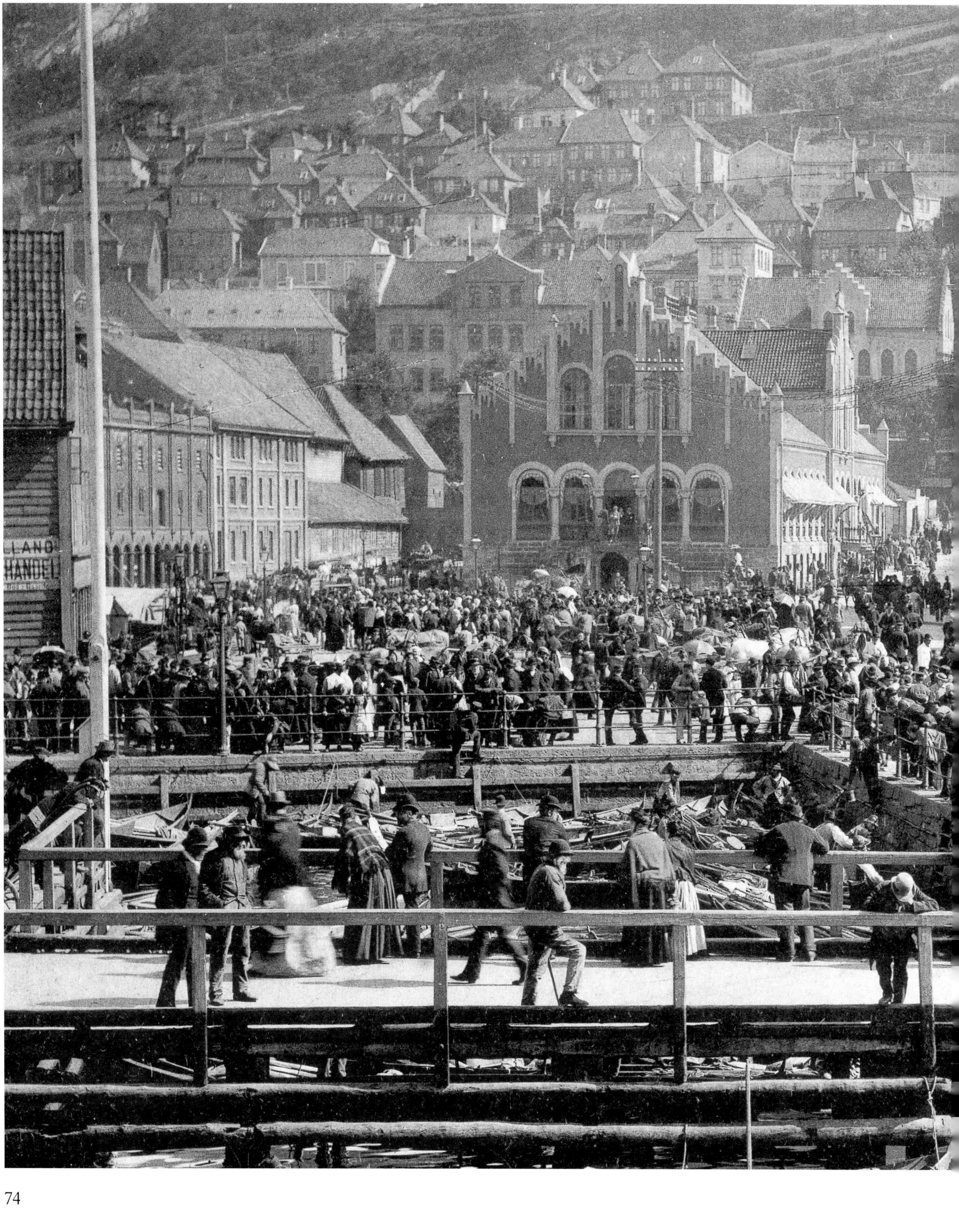
LLAND
HANDEL

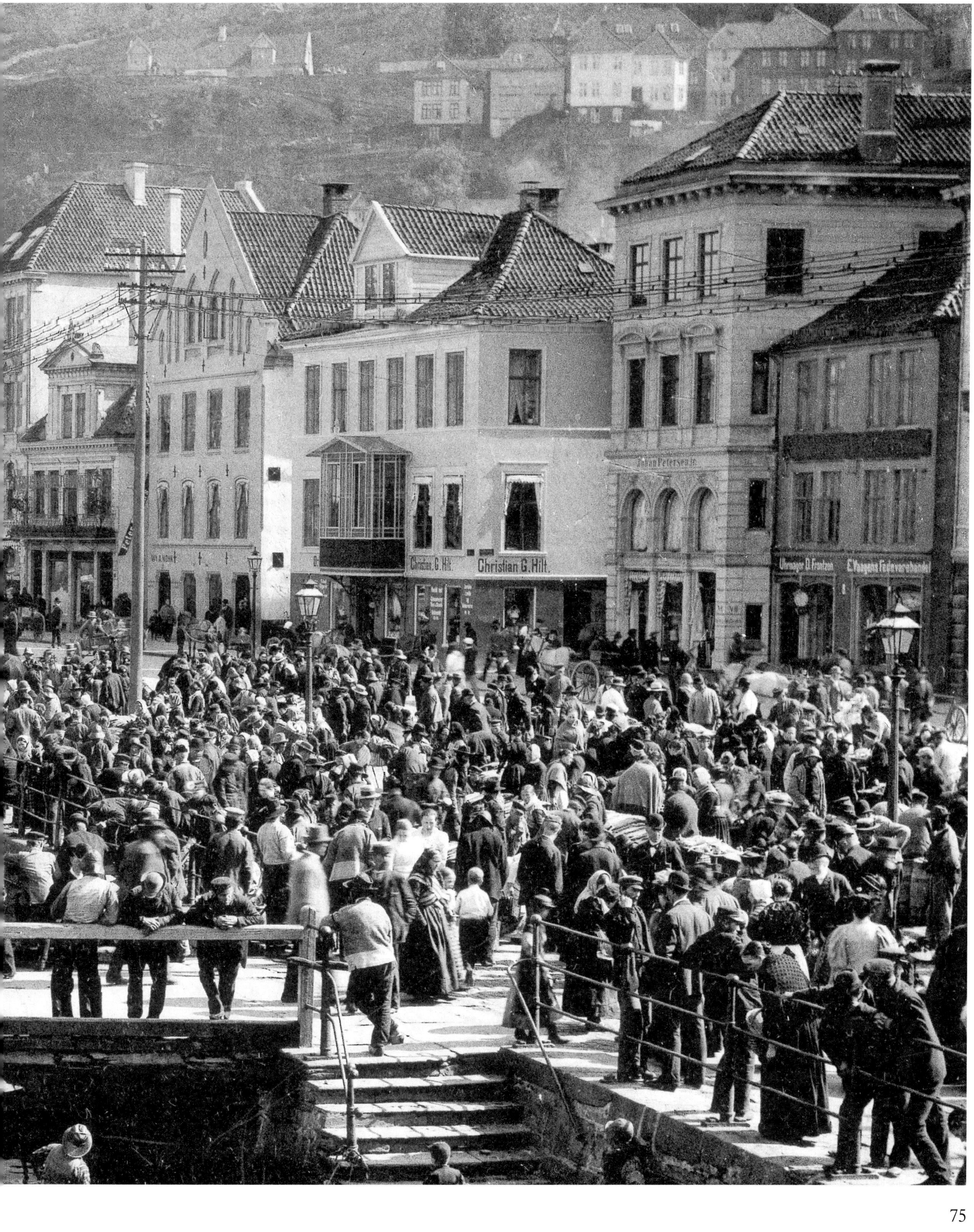
Christian G. Hilt.
Christian G. Hilt.

Ziegenherde oberhalb des Hardangerfjords (Foto, um 1890).

Schloßwache an der Håkonhalle in Bergen (Foto, 1909).

Vorherige Doppelseite: Fischmarkt in Bergen um die Jahrhundertwende. (Zu Bergen siehe auch die Seiten 60f., 94.)

Heuernte in einer Bucht in der Nähe von Molde (Foto, 1895).

Blick von einer Aussichtsterrasse auf die Bucht der Hafenstadt Molde (Foto, um 1925).

78

Norwegische Trachten aus der Mitte des vorigen Jahrhunderts.

vertreten. Nach dem Grundsatze: «Nimm Dir was, so hast Du was!» heißt es nun, ganz ungeniert tüchtig zuzugreifen und mag sich Jeder sein Menu zusammenstellen, wie er will; und wenn wir nun Alles durchgekostet und unsere Flasche eisfrischen Bieres geleert haben, gibt es kein Schnüren und langes Rechnen, wir zahlen an der Credenz unsere Krone und treten mit innigem Behagen über diese lobenswerte Einrichtung unsere Weiterreise an.

Bald erreichen wir jedoch die Endstation Kongsberg, wo unsere Wanderung beginnt. Es ist ein freundliches Städtchen mit hübschen hölzernen Häusern, das gleichzeitig mit Christiania 1624 von Christian IV. gegründet wurde. Morgens ziehen seine Bewohner in die nahen Silbergruben, deren deutsche Namen, wie Gotteshilfe, Armengrube, Haus Sachsen (angeblich 600 Meter tief), noch an die deutschen Bergleute erinnern, welche einst zur Inbetriebsetzung dieser Bergwerke berufen wurden. Zwei Brücken über den reißenden, lachsreichen Laagen verbinden beide Stadttheile; schreiten wir hinüber, so öffnet sich ein prächtiger Blick auf den imposanten Wasserfall, den hier der Fluss bildet.

Wanderung quer durchs Land

Nun sind wir auf thelemarkischem Boden. Auf der herrlichen Straße wanderten wir nun dahin, hoch über dem Fluss, bis ein verwitterter Runenstein uns nach Westen wies; ein dunkler Fichtenwald nahm uns auf, und nun begann die Straße mit einer auch den ausdauerndsten Touristen endlich zur Verzweiflung bringenden Regelmäßigkeit sich zu heben und zu senken und bald gewannen wir die Überzeugung, dass wir hier die Entfernungen mit anderem Maße zu messen haben, als daheim. In den ersten drei Stunden war uns Niemand begegnet, als zwei stramme Engländerinnen, die mit tüchtig angepackten Tornistern am Rücken wacker dahermarschiert kamen. Damals dachte ich mir, es wäre doch ein kleines Wagnis für zwei junge Damen, und wären es auch Engländerinnen, so allein mitten durch Wald und Land zu wandern; heute bin ich überzeugt, dass Norwegen das einzige Land in Europa ist, welches eine Dame von einem Ende zum anderen durchwandern kann, ohne dass je ihre Tugend oder ihr Gold und Geschmeide einen Augenblick in Gefahr käme.

Aber das Gefühl der Waldeinsamkeit wird hier noch wesentlich erhöht durch den Mangel jeder freien Aussicht und durch die verkümmerte Natur. Die Straße bewegt sich fast immer auf der Höhe von 150 bis 300 Meter über dem Meeresspiegel, und schon hier bei so geringer Höhe krümmen sich oft schon die Waldbäume zu knorrigen Stämmen und das Gras wird zum kurzhalmigen Alpenboden; treffen wir endlich nach meilenweiten Abständen eine kleine Häusergruppe, so bezeichnet nie eine Tafel den Namen des Ortes – das wäre zu viel verlangt in Norwegen – dagegen sind die Grenzmarken des Grundbesitzes stets gewissenhaft bezeichnet. Oft stehen drei bis vier und mehr schwarz angestrichene, dünne, dreikantige Pfähle bei einander, die spitze Kante der Straße zugekehrt, und beiderseits stehen nun mit weißer Schrift die Namen der Besitzer: diese Seite gehört den Olsen, jene den Perssön, diese den Larsen, jene den Jensen ec. Kein Bauer führt einen eigenen Familiennamen, sondern erhält bei der Taufe nur einen Taufnamen, dem der Name seines Vaters (im Genitiv) mit angehängtem «sen» oder «sön» (Sohn) nachgesetzt wird, z. B. Johann Perssön bedeutet Johann der Sohn des Peter; diesem fügen sie aber immer noch den Namen ihres Hofes bei. Die Ansprache geschieht stets mit «Du».

Rast in einem Gasthaus

Endlich nach vierstündiger, ermüdender Wanderung erreichten wir die Häusergruppe Jerngruben, wo unser Bädeker ein Wirtshaus, eine wunderseltene Erscheinung in Norwegen, existieren lässt. Eine Futterkrippe wies uns den Weg, und so traten wir ein in die einsame Gaststube. Wir setzten uns zu Tische, aber die Frau, die in der Ecke strickte, machte keine Miene, uns um unser Begehren zu fragen, und von Neugierde war schon gar keine Spur an ihr zu entdecken. So mussten wir denn mit unserem norwegisch herausrücken, und nun bekamen wir bald unseren Kaffee mit Butter und Gebäck. Nun hielt ich Umschau in der Stube, die bei aller Einfachheit doch manches Interessante bot; so war der Boden eingelassen, das breite Bett an der Wand befestigt und mit einem großen, hölzernen, bemalten Himmel, von dem schön gestickte Vorhänge herabhiengen, überdeckt, die eigenthümlichen Stühle waren aus einem Baumstamme gearbeitet und bunt mit Blumen und Sprüchen bemalt, die verhältnismäßig großen, immer unvergitterten Fenster zierten blendend weiße Gardinen und Myrtenstöckchen, und so machte das sonst ziemlich ärmliche Gemach immerhin noch einen ganz freundlichen Eindruck.

Durchs Hiterdal Bald gieng es wieder in den Wald hinein, hoch hinan und hinab, und wieder hinauf, bis es endlich zwischen den Baumstämmen blitzte und funkelte; es war der Wasserspiegel des Hiterdalsees. Nun traten wir endlich, nach nahezu siebenstündiger, forcierter Wanderung durch finsteren Wald, freudig aufjubelnd ans scheidende Sonnenlicht und hier schweifte jetzt der Blick über den anmuthigen Vordergrund zu dem langgestreckten Seespiegel und in das Hiterdal hinein mit seinem gewaltigen Abschluss, den thelemarkischen Bergen, über welchen die Felspyramide des Himingen in scharfen Conturen mächtig aufragt.

An schönen Gehöften gieng es jetzt hinab zu den waldumsäumten Ufern des Sees, wo die farbenfrische norwegische Flagge uns schon von Weitem das Stationshaus verrieth. Es ist ein ganz stattliches Gehöft, das Hôtel Furuheim, wo man gar freundlich aufgenommen und ganz ausgezeichnet verpflegt wird. Der Sonntag brachte reges Leben in das Haus, und das Dampfboot, welches regelmäßig den Hiterdalsee befährt, hatte von weit und breit Ausflügler gebracht, so dass Abends eine ganz ansehnliche Table d'hôte im großen Speisesaal zu Stande kam. In der Dämmerung waren wir noch zu dem nahen Tin-Fos gewandert, einem tosenden Wasserfall, den hier der Tin-Elf bei seinem gewaltigen Sturze über zwei Felsenschroffen bildet. Es ist ein herrlicher Fall, mit dem, wenn er in den Schweizer Alpen wäre, viel Reclame gemacht werden würde; wir werden aber auf unserer Wanderung durch Norwegen so vielen und so riesigen Wasserfällen begegnen, dass es kaum der Mühe lohnt, uns länger hier aufzuhalten.

Als wir früh morgens halb sechs Uhr in den Speisesaal kamen, stand das Frühstück auch schon auf dem Tische. Was das Haus zu bieten vermochte, ward herbeigebracht; Kaffee mit gesalzener Butter, Eier, Schinken, einige Laibe Käse immer voran, Alles überaus reichlich, steht auf dem Tische, man nimmt ganz nach Belieben.

Es war ein fast schwüler Morgen, als wir jetzt ins Hiterdal wanderten. Auf einer ganz stattlichen, auf soliden Steinpfeilern ruhenden, eisernen Brücke überschritten wir den Tin-Elf und nun zogen wir hin hart an den Ufern des Sees, aus welchem langgestreckte Felsenriffe und Inseln aufzuragen schienen, als wir jedoch schärfer hinblickten, sahen wir, dass es nur Baumstämme waren, die in ungeheuren Mengen hier zusammengeschwemmt waren. Das productenarme Norwegen ist neben dem Fischhandel hauptsächlich auf die Holzausfuhr angewiesen, doch wird das Storthing bald der rücksichtslosen Ausbeutung der Wälder entgegentreten müssen, sonst geht das Land bei dem unendlich langsamen Wachsthum seiner Nadelhölzer der gänzlichen Verödung entgegen.

Es ist ein reizender Weg am Rande des hier eng zwischen den hohen Thalwänden eingebetteten Wasserspiegels, voll anmuthiger Landschaftsbilder. Nach ungefähr einer Stunde endet der See, an welchem sich nun eine kleine, mit Gersten- und Haferfeldern wohlbebaute Thalweitung schließt, welche mit einigen schmucken Gehöften geziert ist.

Es ist eine wahre Freude, so einen norwegischen Hof, dem die solide Wohlhabenheit bei allen Fenstern herausguckt, anzusehen. Das Wohnhaus ist immer stockhoch, nicht wegen Mangels an anderem Material, sondern vielmehr zum Schutze gegen die langandauernde Winterkälte aus Holz gebaut, von außen jedoch immer mit senkrecht über einander gelegten Brettern verschalt, die Fenster, hinter welchen ausnahmslos weiße Gardinen und blühende Blumen hervorschauen, immer groß und unvergittert, sind wie die Thüren mit schönen Rahmen umgeben, und es glänzt das ganze Haus in einem stets blendend hellen Ölfarbenanstriche, meist weiß mit einer Nuance ins Blaue, Gelbe oder Grüne, wobei die Fensterrahmen, Gesimse und Thüren meist durch eine andere Farbe markiert sind. Das Dach jedes größeren Gehöftes ist meist mit Ziegeln gedeckt, deren helles Roth von unverwüstlicher Dauer ist. Neben dem Hause strebt nicht selten ein Flaggenmast auf, auf dem zu Zeiten die norwegische Flagge aufgezogen wird.

Glockenturm einer Scheune bei Hamar in der Hedmark.

Nächste Doppelseite: Zugewachsene alte Trasse der Europastraße 6 nördlich von Oslo.

Seite 84/85, oben: Wie endlose Zäune ziehen sich die mit frisch gemähtem Gras behängten Gatter durch die Wiesen der Hedmark. Unten, links: Bauernhäuser im Museumsdorf Maihaugen bei Lillehammer. Unten, rechts: Auffahrt einer Scheune bei Røros.

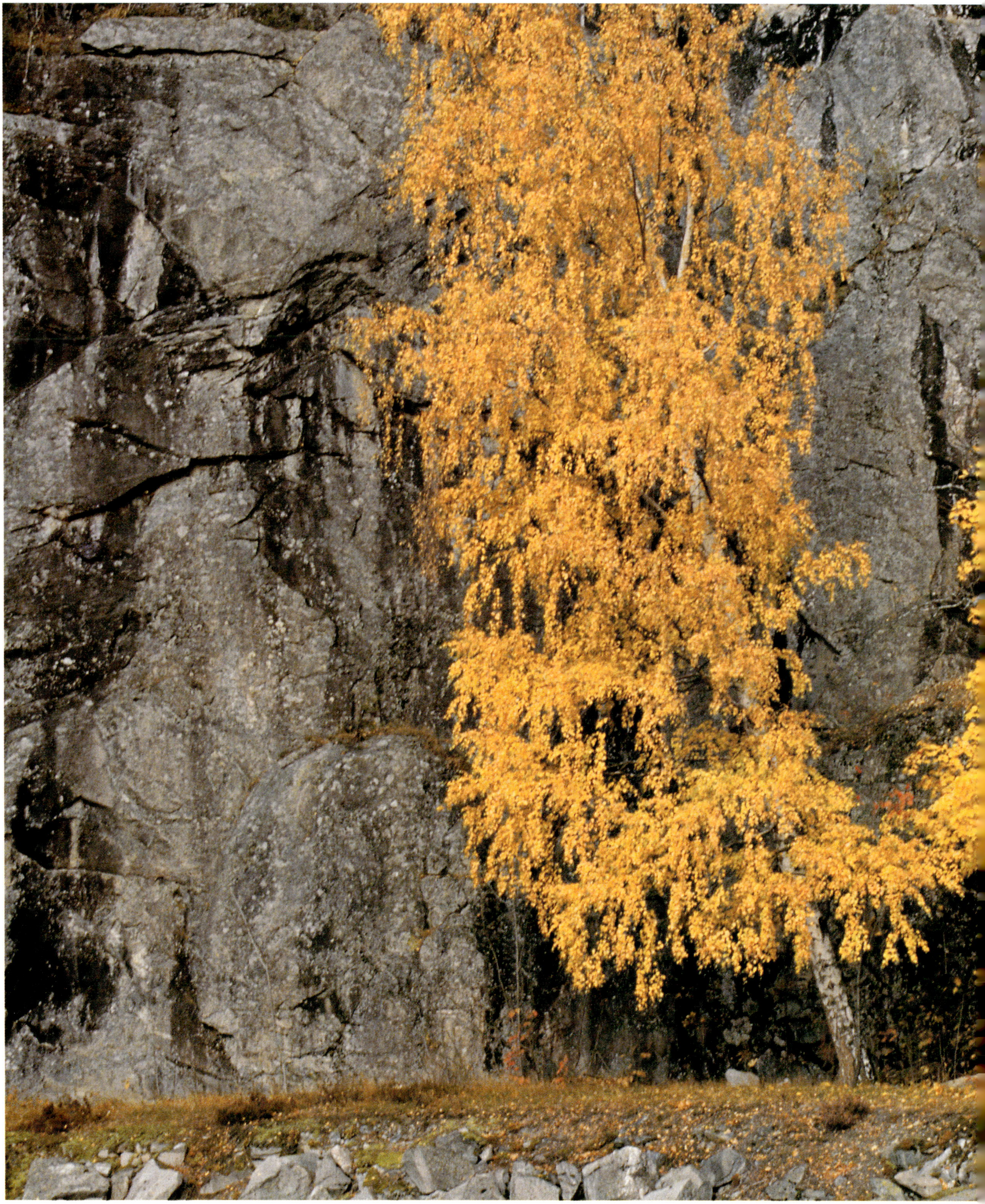

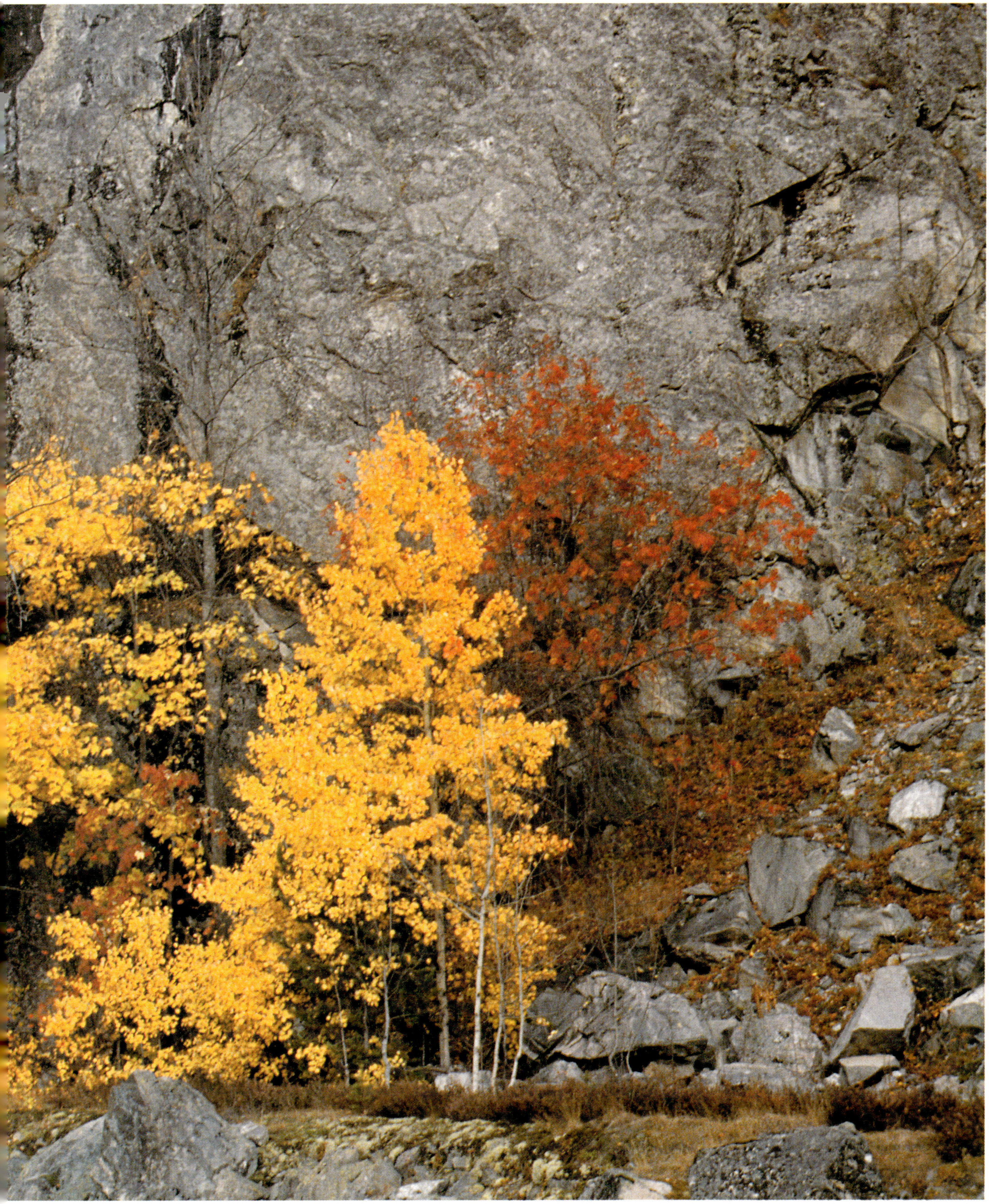

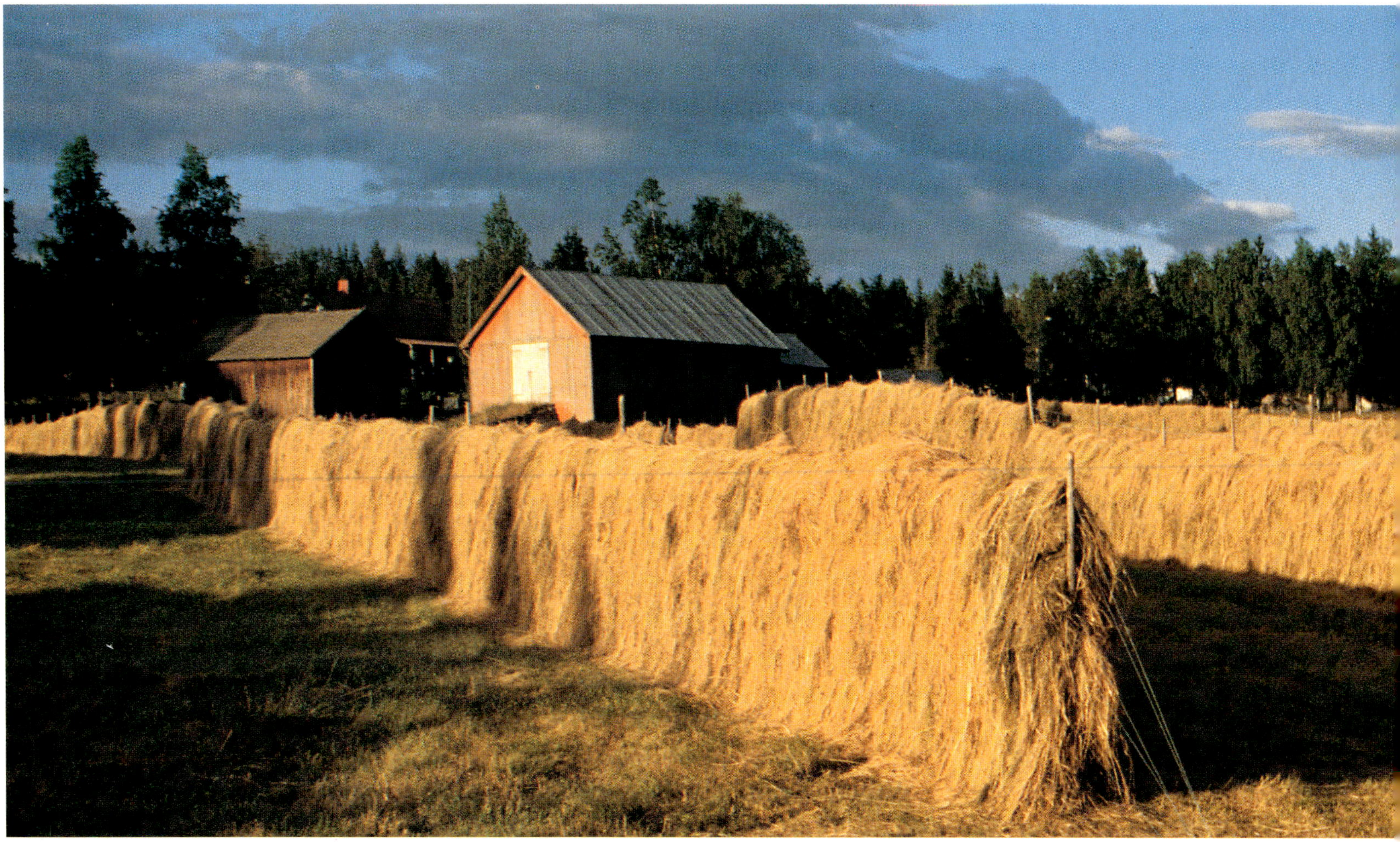

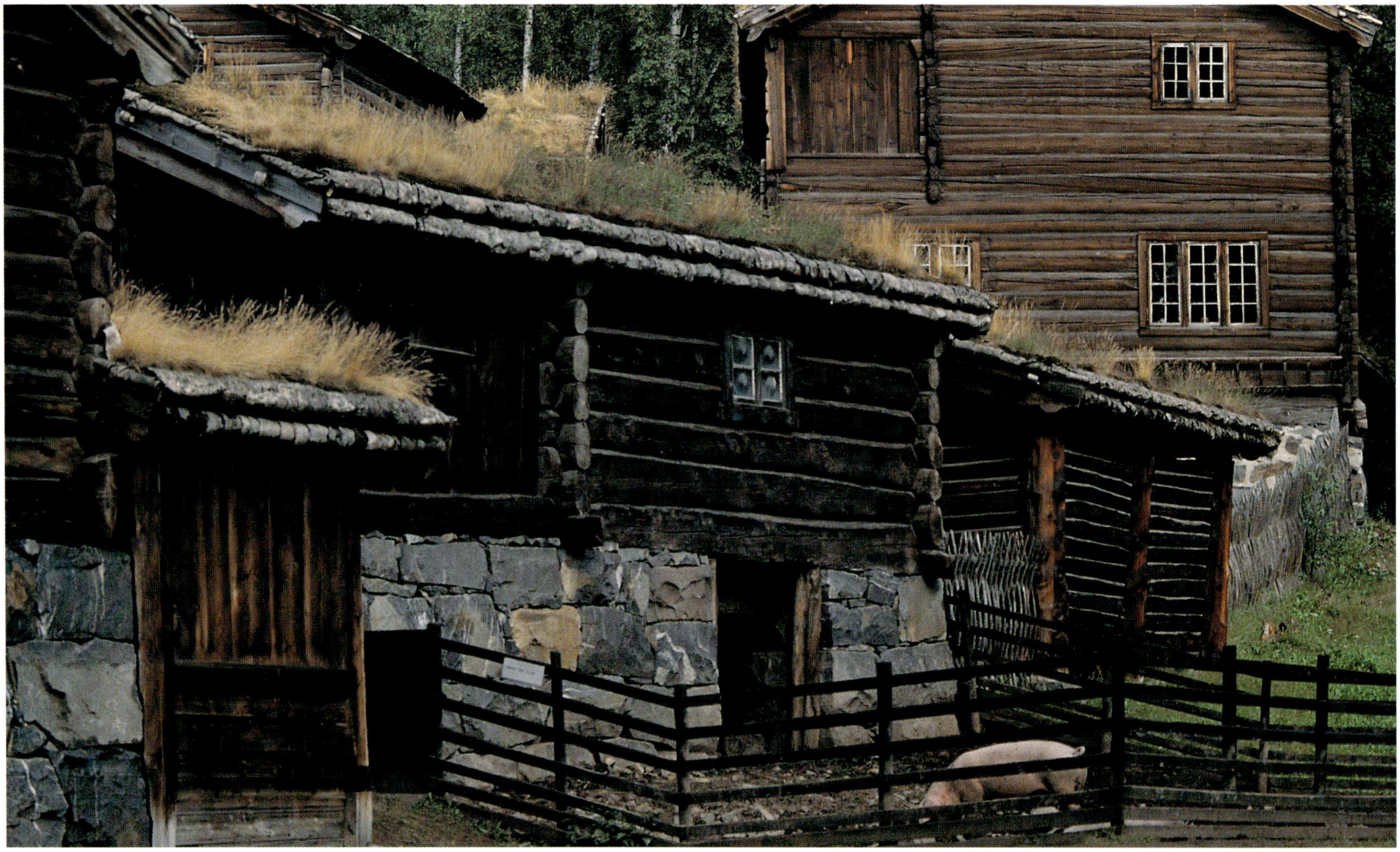

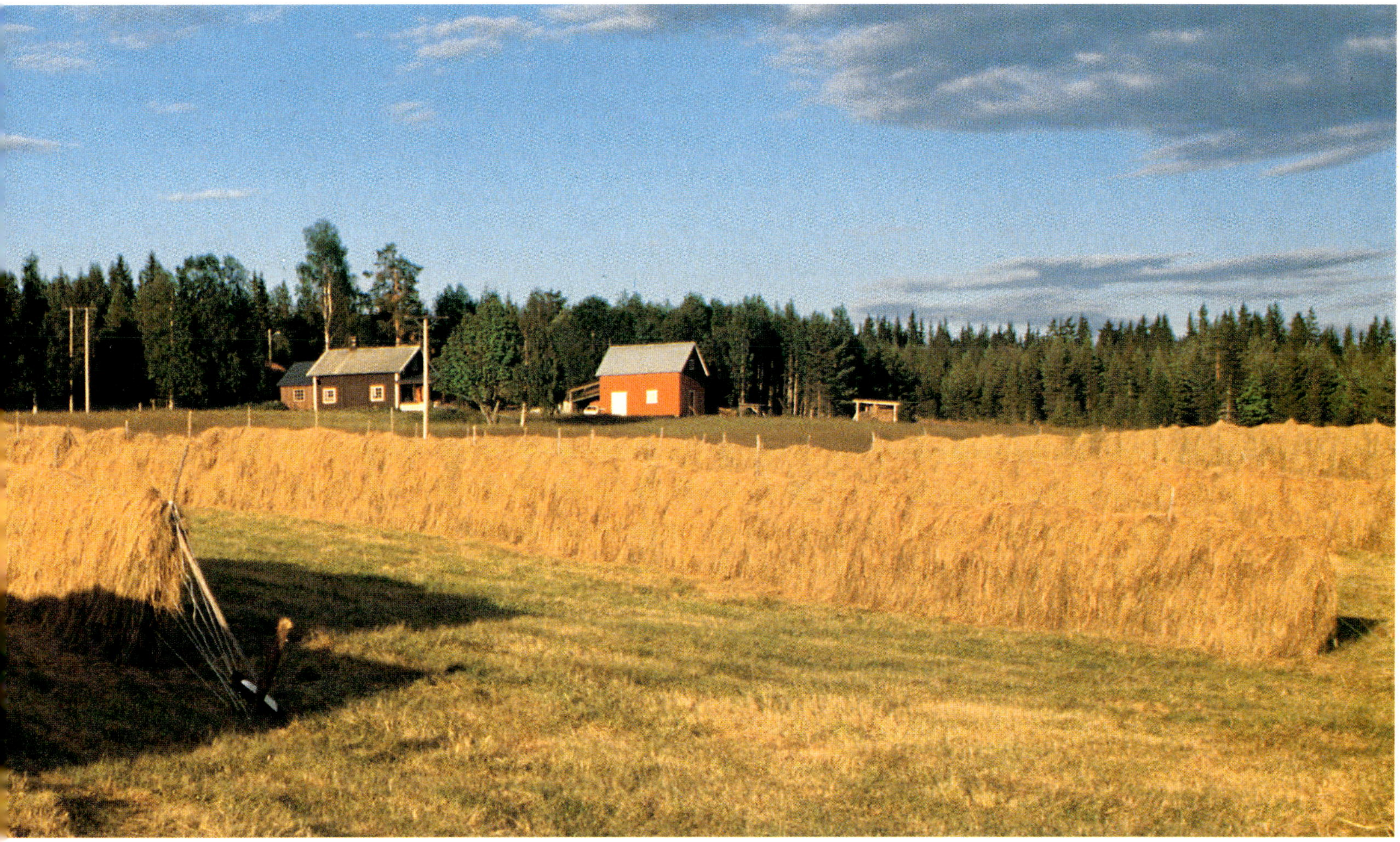

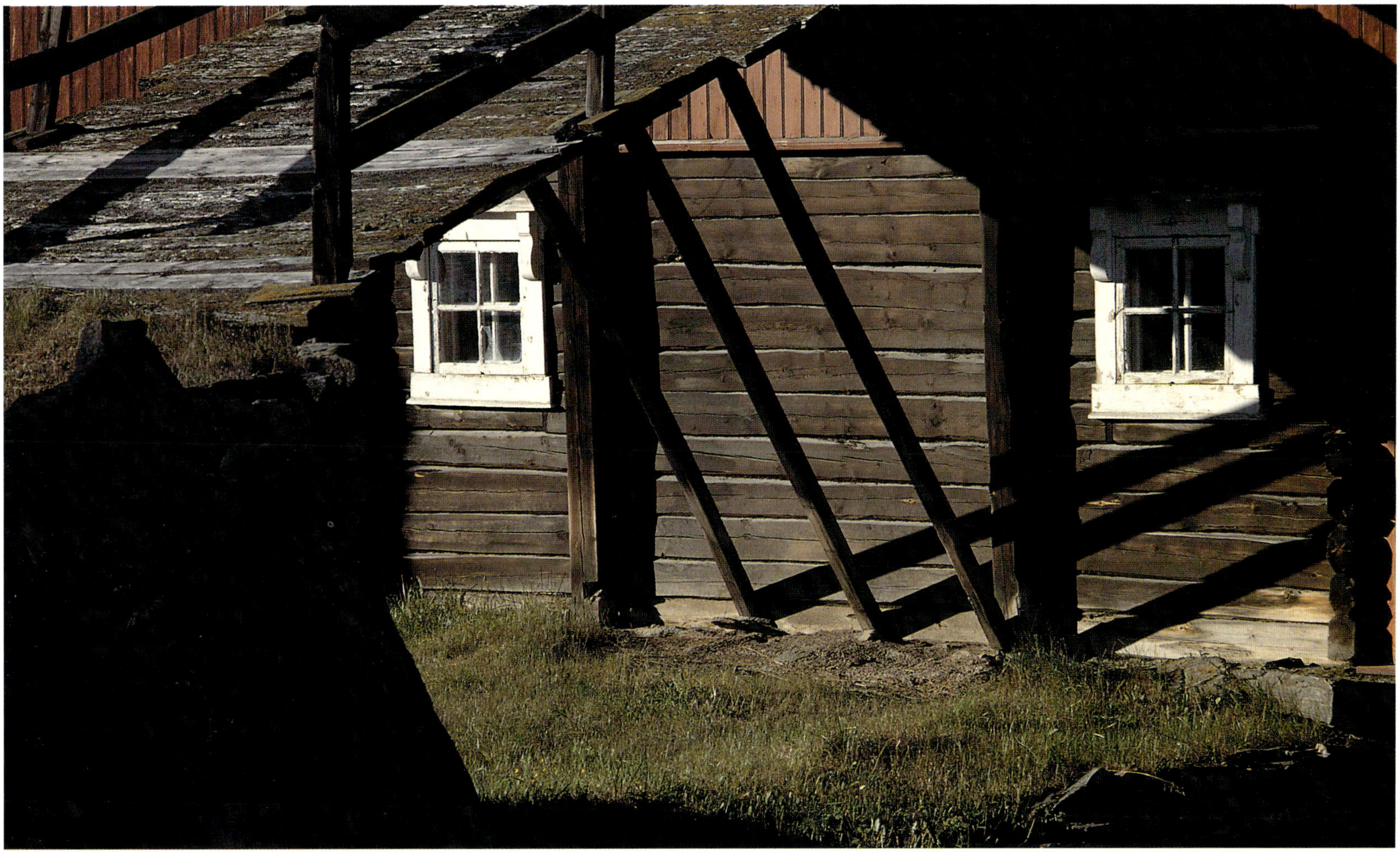

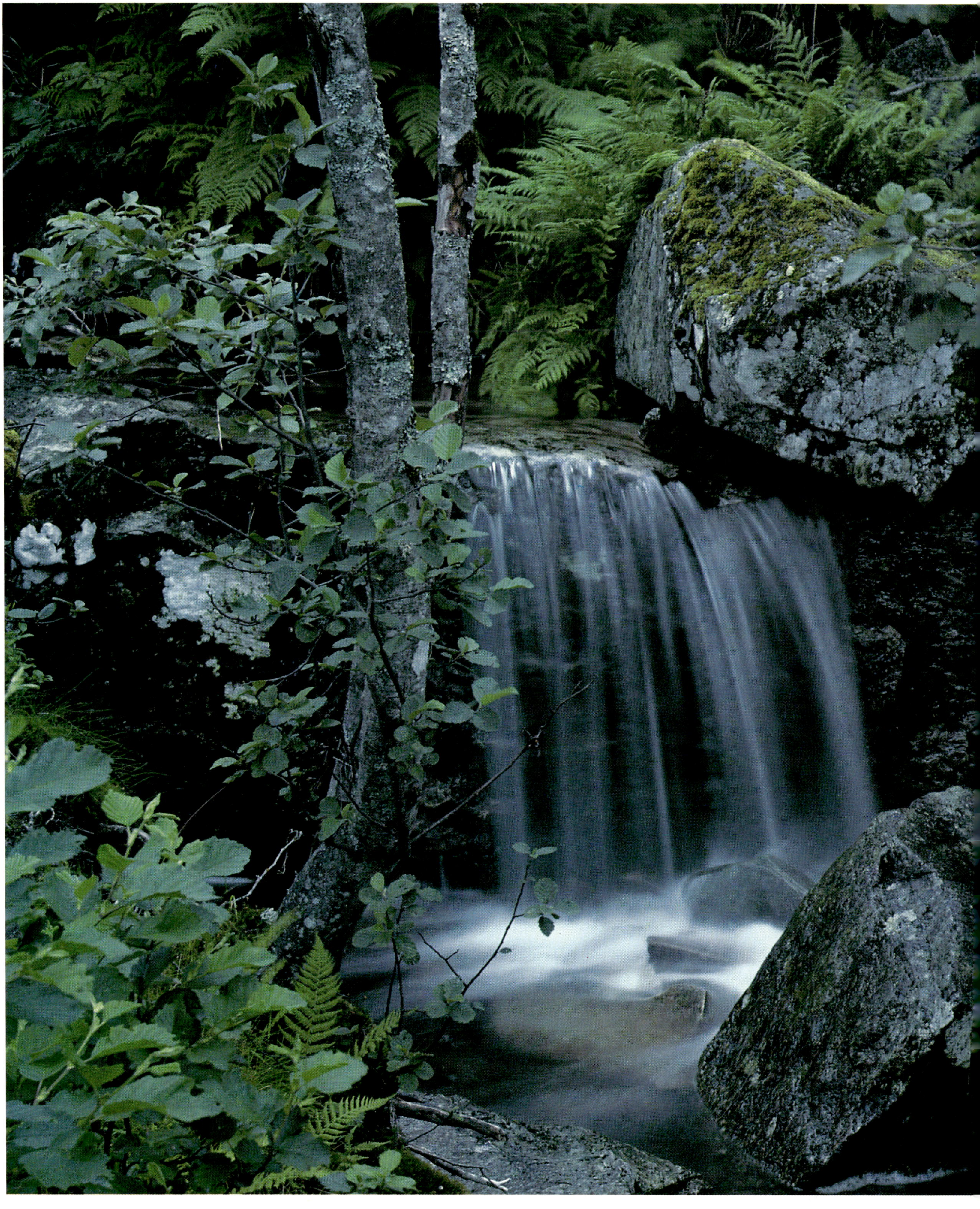

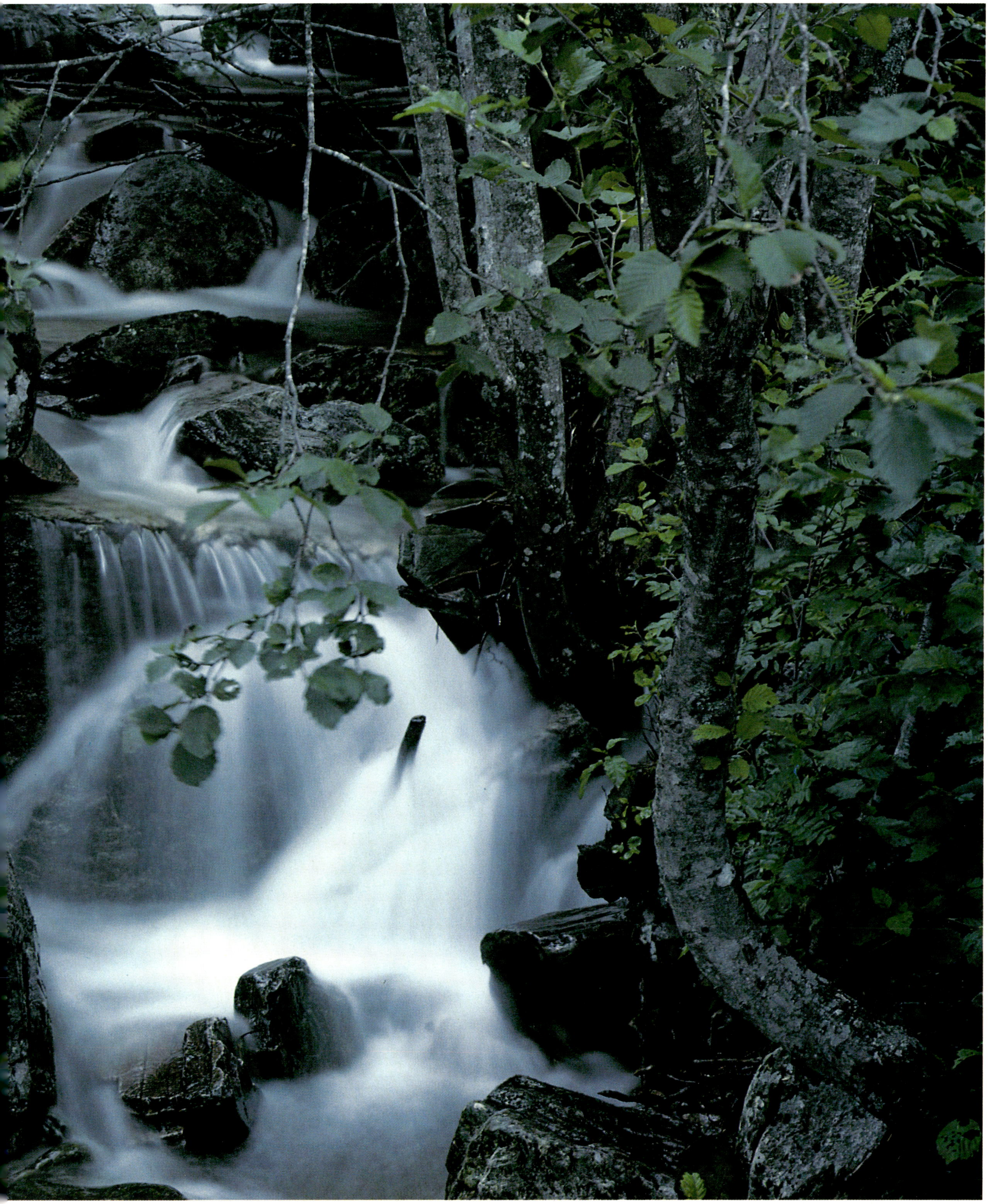

Auf den Wiesen der Hedmark wachsen die vielfältigsten Gräser und Blumen.

Vorherige Doppelseite: Wildromantischer Bach in den Wäldern bei Tvinnefoss.

An das Hauptgebäude schließt sich stets ein kleines, wohlgepflegtes Gärtchen mit blühenden Blumen und einer mit Schlinggewächsen überwucherten Laube an. Ein winziges, aber reizendes Häuschen steht häufig isoliert neben dem Wohnhause. Die Wirtschaftsgebäude, gleichfalls immer aus Holz, von mächtigen Balken construirt, zeigen meistens einen rothen Anstrich und haben die Eigenthümlichkeit, dass das Gebäude nicht ganz auf dem Boden, sondern auf einem von mächtigen Balken construirten Rost aufgebaut ist, sowie dass das obere Stockwerk weit über das untere vorspringt. Will man in solch ein Wirtschaftsgebäude eintreten, so muss man nicht selten erst über einige vorgerollte Felsblöcke hinansteigen, bis man zur Thür gelangt.

Zehn Kilometer von Furuheim erreicht man, um eine Ecke biegend, die berühmte Hiterdalkirche, eine jener ganz aus Holz sehr kunstvoll construirten und mit phantastischen Ornamenten gezierten, sogenannten Stavekirchen, deren bauliche Construction bis in das zwölfte Jahrhundert zurückreicht. Es ist schwierig, die eigenthümlich in einander geschobene Construction dieser Kirche zu beschreiben. Den Kern dieser Kirche bildet ein aus horizontal aufgeschichteten Balken construirter, blockhausförmiger, viereckiger, hoher Bau, im obersten Theile mit großen Fenstern versehen, über dessen Dach, welches an allen vier Seiten mit Giebeln abschließt, sich ein viereckiger Thurm erhebt, der wieder mit vier Giebeln abschließt, über die sich nun abermals ein kleiner Thurm erhebt, dessen spitzes Dach mit einem großen Kreuze gekrönt ist. An den apsisförmig abgeschlossenen Hauptraum schließt sich nun wieder ein meist abermals viereckiger Bau, gleichfalls mit einem viergiebeligen Dache und runden Thurme, als Chorraum an; um diesen ganzen Gebäudecomplex zieht sich nun eine fensterlose, große Gallerie, welche sich nach innen, nach dem Hauptraume der Kirche öffnet.

An der von Fjorden zerklüfteten Küste

Nirgends zeigen sich die schneidigen Gegensätze, die zwischen der nordischen und der italienischen Landschaft in Allem und Jedem bestehen, schroffer und unvermittelbarer als bei der Gliederung der Küsten. Während in Italien die See nur in kleinen Buchten, in malerischen Golfen sich weich und anmuthig ans Land schmiegt, dessen flache, von den tropischen Formen des Cactus, der Cypresse und der Pinie umsäumte Ufer nur sanft ansteigen zu waldlosen, sonnenverbrannten Hängen, wo jeder Quell versiegt, jedes frische Grün erstorben ist und nur die mattfärbige, graue Olive hinanklettert: zeigt die norwegische Küste das Bild furchtbarer Zerklüftung. In diese wild zerrissenen Felsenmassen, zwischen diese starren Riffe und Klippen, Wände und Schroffen greift das Meer in hundert und hundert Armen zwanzig bis dreißig Meilen weit in das felsige Land; das sind die Fjorde, denen kein anderes Land des Continentes etwas zur Seite stellen kann.

Es ist, wie wenn ein ungeheueres Felsengebirge mit all seinen Hängen und Thälern, Zinnen und Wänden in das Meer versunken wäre; nun wogt in den Thalgründen die Wasserflut, und nur zur Hälfte ragen die Felsenmauern mit ihren Kämmen und Gletschern daraus hervor. Daher die ungeheuere Tiefe der Fjorde; erreicht das Senkblei doch oft bei 1000 Meter noch lange nicht den Meeresgrund.

Bis zum Herzen der Felsenwüste, bis zum Urstock des Gebirges, in die letzten Hochthäler und Winkelgräben, bis zum eisumgürteten, nebelumschleierten Throne des Berggeistes rauscht die Meeresflut heran. Wie wir so ruhig hingleiten auf dem Wasserspiegel, hören wir den Pulsschlag dieser gigantischen Natur: schäumend und tosend stürzen die Wasserfälle über die Felsenmauern; Schneeflocken ballen sich in den Höhen zusammen, und die Trollen senden sie als Lawinen in die Tiefe; von den Schroffen löst sich ein Granitblock, springt in wilden Sätzen von Klippe zu Klippe in die Wasserflut und versinkt zum Meeresgrund.

An der Mündung der Fjorde in die offene See wimmelt es von felsigen Inseln, öden Eilanden, Landzungen und durch Gletschereis abgeschliffenen Riffen. Je weiter wir jedoch auf ihnen dahinziehen, desto großartiger gestaltet sich die Landschaft, schroffer und schroffer steigen die Hänge auf, mehr und mehr verschwinden alle Wahrzeichen menschlicher Cultur, hie und da eine Fischerhütte, ein paar Häuschen am schmalen Ufersaume,

An Wasser herrscht in ganz Norwegen kein Mangel: tosender Wasserfall des Lotefoss (Foto, 1895).

auch dieser schwindet bald, und nur die glatten Felsenmauern umklammern noch die schmale Meeresflut, aber am äußersten Ende seiner Arme blinkt oft ein weißes Kirchlein und ein paar Gehöfte, von Fruchtfeldern umsäumt, leuchten hervor. Das haben die Gletscherströme gemacht. Jahrtausende hat es gebraucht, bis sie mit ihrem Schutte der Felswand einen Ufersaum abgetrotzt haben, und wieder ein Jahrtausend, bis daraus ein fruchtbares Gelände entstanden ist. Das Dampfboot lenkt in alle Arme und Winkel des Fjordes ein und so erreichen wir mühelos die innersten Hochthäler, die letzten Felsenkessel, die furchtbarsten Abstürze des Gebirges, wohin wir, wenn heute die Wasserflut bis zur offenen See wieder zurückweichen würde, erst nach viel tagelanger, ermüdender Wanderung durch ein Labyrinth von Felsenwüsten emporsteigen müssten.

Im Hardangerfjord Durch seine ungeheuere Länge, die Verzweigung seiner Arme, die erdrückende Großartigkeit seiner Thalwände und Abschlüsse, vor Allem aber durch die Fülle der in sein Gebiet fallenden, schönsten und größten Wasserfälle Norwegens wurde der Hardanger-Fjord zum gefeiertsten des Landes. Mit ihm wetteifert nur der Sogne-Fjord an düsterer Pracht und reicher Verzweigung und der Nord-Fjord durch wilde Zerklüftung.

Wir waren von der Landseite gekommen, wo mitten in die Felsenwüste uns das Meer in einem schmalen, wunderbar felsumklammerten Arme seine völkerverbindende Flut entgegenstreckt. Unser Blick sah das Leuchten des Wasserspiegels, aber er lag noch tief unter uns, und meilenlang hatten wir noch niederzusteigen, bis wir den Ufersaum erreichten. Auf diesem vier Stunden langen Wege von der Höhe bis zum Strande liegt hart an der herrlichen Straße Alles vereinigt, was die nordische Natur an graziöser, wie an wilder Schönheit zu bieten vermag: eine Reihe felsumschlossener Seen, mehr wie ein halbes Dutzend Wasserfälle ersten Ranges, ungeheuere Trümmerfelder und schillernde Gletscherstürze.

Zuerst erreicht man, die Gorsvingane niedersteigend, den Gorsvatten, den kleinen dunklen, ganz von senkrechten Felswänden eingeschlossenen See, den wir auf der Höhe zu

Fortsetzung Seite 95

Sonntagsausflügler um die Jahrhundertwende im Naerodal.

Nächste Doppelseite: Die kleine Siedlung Odda auf der Ostseite des zum Hardangerfjord gehörenden Sørfjords östlich von Bergen (Foto, 1890).

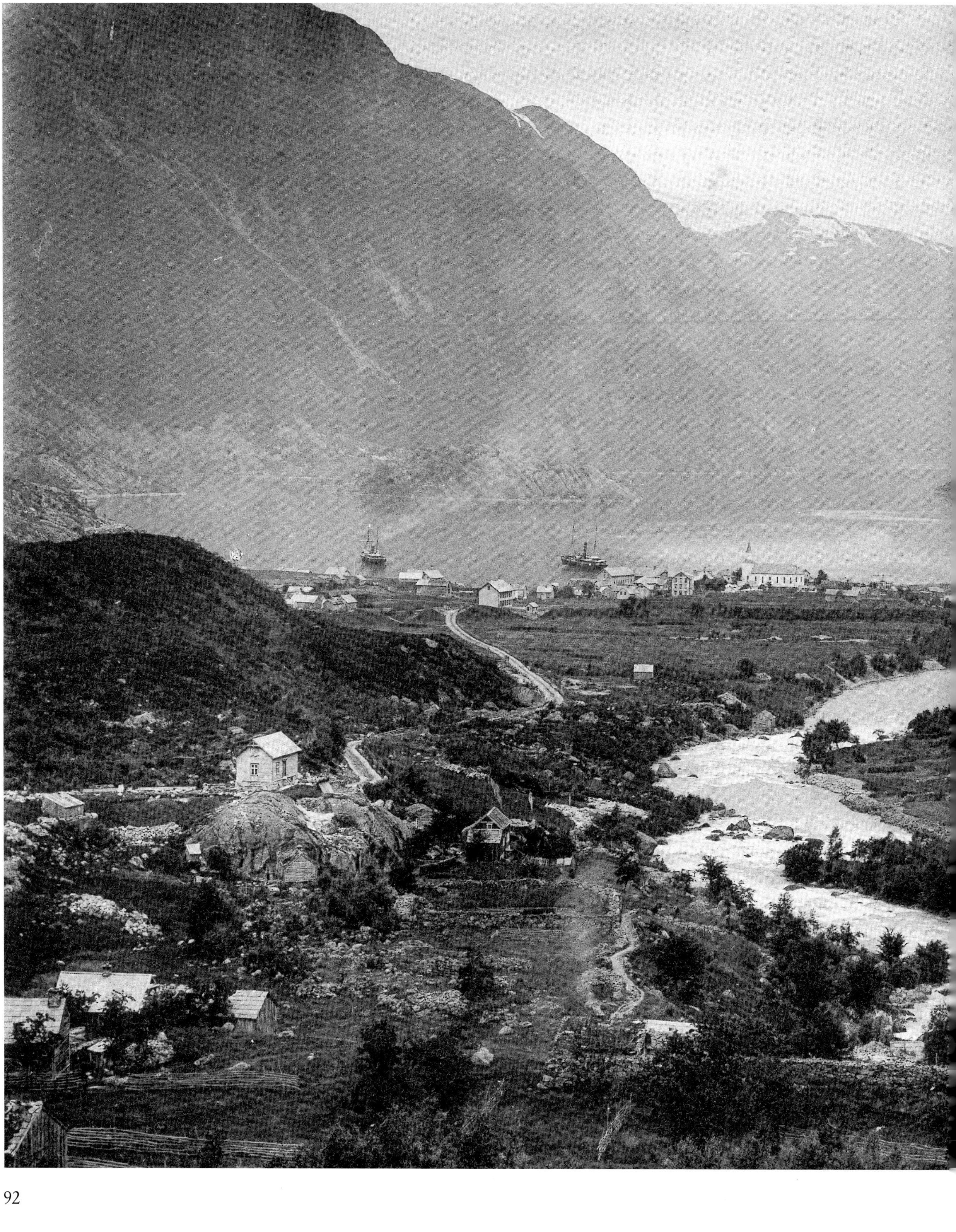

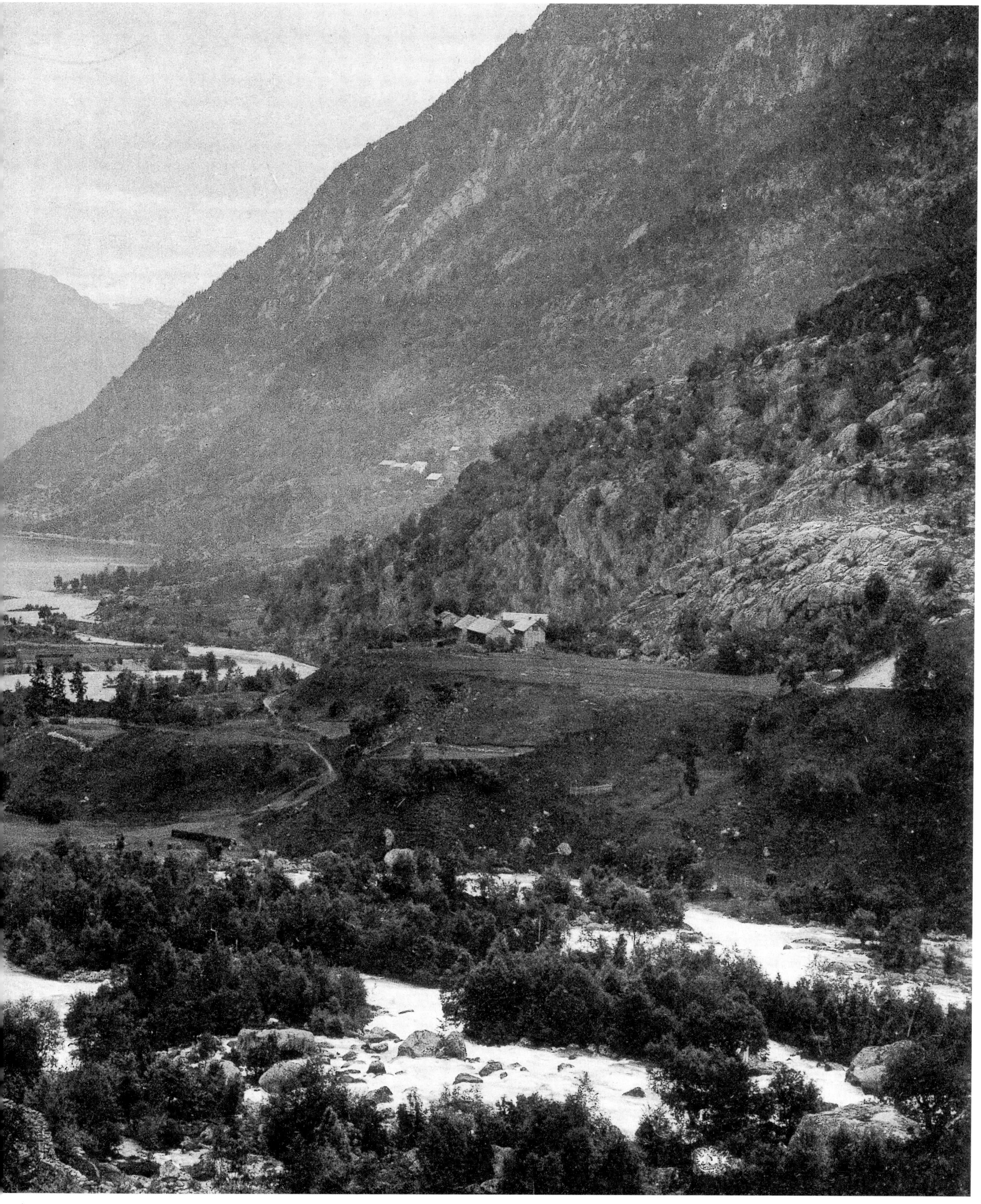

Durch die günstige Lage des Hafens zwischen zwei Fjorden konnte sich Bergen zu einem wichtigen Handelszentrum an der Westküste entwickeln (Foto, 1895).

bewundern Gelegenheit gehabt haben. Hart an seiner tiefgrünen Flut schreiten wir hin, und nur gegenüber dem Gletscherflusse, der in weitem Bogen in einem Sturze in den See fällt, halten wir einen Moment. Unbeschränkt schweift der Blick über das norwegische Fjeld, öde, formlose, vegetationslose Hochflächen, deren düstere Monotonie bis an die Grenzen des Horizontes nirgends durch einen aufstrebenden Felsenkegel unterbrochen wird. Tiefer steigend, begrüßt uns zuerst bei 800 Meter wieder die Birke, allmälig vom Krummholz zum zierlichen schlanken Wuchs übergehend, im großen Abstande folgt die Föhre und zu unterst die Tanne und Fichte. Man erreicht die einsame Skydsstation Seljestad mit einem Bette für zwei Reisende; die ungeheueren Eisfelder der Folgefonde, die alle westlichen Bergeshöhen bedecken, treten immer deutlicher hervor. Die Straße windet sich nun stundenlang durch ein Trümmerfeld von so großartigem Charakter, dass ich in den europäischen Alpen nichts damit vergleichen kann; die chaotisch durcheinander geworfenen Granitblöcke erreichen nicht selten den Umfang stockhoher Häuser und lassen ermessen, wie unendlich schwierig hier vor einigen Jahren der Straßenbau gewesen sein muss.

Und weiter führt der Weg nach Norden
Von Friedrich Mehwald (1858)

Anmerkungen zum Golfstrom

Bemerkenswerth ist das Meer um Norwegen und namentlich der nördliche Wasserstrom in den Sunden zwischen diesen Felseninseln; denn diese Meerströmung – gewöhnlich Malstrom genannt – ist Norwegens Fundament, Erhalter und Versorger. In Breitegraden, wo in Asien wie in Amerika, in Australien wie in Oceanien, sowohl nach dem Nord- wie nach dem Südpol längst Alles im Eise erstarrt ist, prangen in Norwegen noch die schönsten Wiesenteppiche, grünen Saat- und Kartoffelfelder und erfreuen die herrlichsten Birkenwälder und Weißerlenforsten das Auge des Besuchers. Alles dieses verdankt Norwegen dem Malstrom. Ja dieser Strom ist die Ursache, daß Norwegen, von seinen Nordküsten aus bevölkert und cultivirt wurde; daß das Meer an seiner langen Nordseite im Winter nicht zufriert, sondern unausgesetzt die Schiffahrt gestattet (daher es sehr uneigentlich «Eismeer» heißt); daß sich zahllose Fische an die Nordküste Norwegens ziehen und mehr als die Hälfte aller Einwohner Norwegens Nahrung und Wohlstand bringen; daß die Nordküste durchschnittlich weniger kalt ist, als der Süden und daß z. B. Drontheim kaum ein Drittel so hohe Kälte hat, als Stockholm.

Daß Norwegen sein ganzes vegetatives Bestehen dem Golfstrom verdankt, erkennt man am besten aus der Negative desselben. Im Sommer 1856 kam nämlich das Polareis in solchen Massen herab und ging etwa 15 Meilen oberhalb des Nordcaps so weit nach Südwesten herüber, daß man von Hammerfest nicht hinüber nach der Bäreninsel, oder nach Spitzbergen fahren konnte. Weil das Eis im atlantischen Ocean die Linie des genannten Meerstroms überschritt, erkältete es das Wasser dergestalt, daß die wohlthätigen Ausdünstungen desselben für Norwegen aufgehoben wurden und deshalb hatte das Land den rauhesten, trockensten und unfruchtbarsten Sommer, so daß es fast gar keine Ernte machte.

Dieser für Norwegen so wohlthätige Mal- oder vielmehr Golfstrom, bildet sich bekanntlich im Meerbusen von Mexico – also unter der heißen Zone; strömt nordöstlich aus dem mexicanischen Golf, theilt sich zwischen Amerika und Europa in drei Arme, von denen der eine nördlich nach Grönland hinaufgeht und früher so mächtig war, daß er die Südküste dieses großen Polarlandes in ein «Grünland» umwandelte, gegenwärtig aber so schwach ist, daß Grönland zur Eisinsel geworden; – der andere Arm sich südöstlich nach den Westküsten der britischen Inseln wendet; – der dritte, der Hauptstrom, aber nordöstlich nach Norwegen hinaufgeht; bei dem weit vorspringenden, wunderbar gezackten und gestalteten Vorgebirge «Stadt» (62 Grad) auf die Nordwestküste des Festlandes Norwegens trifft, von dort aus in gerader Richtung seinen Lauf nach Nordost an der Küste hinauf, bei den Außeninseln Threnan (66 Grad 35 Min.) vorbeinimmt, zwischen den westlichen Lofoteninseln Röst und Värö hindurch bis hinauf zum Nordcap, dann um dieses herum südöstlich bis Berlevaag strömt und sich endlich im weißen Meere in der Richtung nach Archangel und den Inseln Nowaja Smelja verliert.

Von Tromsö nach Hammerfest

Von Tromsö fährt man nach Hammerfest, der nördlichsten Stadt auf der Erde. Zunächst über Tromsö geht die Fahrt durch den Grötsund nach der kleinen Insel Karlsö, auf welcher nur eine Kirche steht für eine über eine große Menge herumliegender Inseln zerstreute Gemeinde. Diese Kirche ist besonders bemerkenswerth, weil sie genau unter dem 70. Breitegrade steht. Auf Karlsö befindet man sich in der Mitte zwischen der Halbinsel Lyngen mit dem Pippertind und vielen anderen Tindern und der Insel Vandö, mit welchen beiden Punkten die wirklichen Hochgebirge von 400 und mehr Fuß abschließen. Auf einem großen Umwege durch den Rotsund und Maursund fährt man bei der Insel Loppen (Flohinsel) hinaus ins offene Eismeer. Loppen liegt einsam; hat aber eine hübsche Kaufmannsstation, welche den Schiffern oft mit Verschiedenem aushelfen muß: denn hier bricht der Polarsturm gewaltig herein und macht häufig die Schiffe tanzen oder springen.

Von Loppen geht die Fahrt durch den Stjärnesund nach dem Altenfjord. In diesen im Ganzen fruchtbaren Gegenden von Tromsö bis hierher und namentlich hier um das Altenfjord leben viele Quänen und nach den hübschen Höfen, schönen Kirchen, guten Gebäuden und der Kleidung zu urtheilen, scheint ein allgemeiner Wohlstand zu herrschen. Die Quänen leben theils von Ackerbau, theils von Grubenarbeit, theils von Viehzucht, theils von Fischerei und Schifferei. Ihre Höfe und ihre Lebensweise sind wie bei den Normännern. Man sieht um das Altenfjord wieder bedeutenden Kiefernwald (Pinus sylv.), und ebenfalls Saat- und Kartoffelfelder, herrliche bunte Wiesen, Gärtchen mit allerlei Gemüse (sogar Blumenkohl) und den schönsten Gartenblumen (besonders hält sich die Aurikel gut). Nicht nur Gerste, Hafer und Kartoffeln, sondern auch Roggen wird um Alten gebaut; doch wird letzterer nur in besonders günstigen Jahren reif. Die bedeutendsten Orte am Altenfjord sind: Talvik (eine sehr angenehme Station), Kaafjordvärk (ein großes von Engländern betriebenes Kupferwerk in sehr freundlicher Lage und mit vielen schönen Gebäuden; das Kaafjord selbst bildet die Ostspitze des Lingenfjords und liegt weit ab) und Bosekop. In den genannten Orten halten sich im Sommer immer eine Menge Engländer und Engländerinnen auf, theils um zu fischen, theils um sich von Brustleiden in dieser für sehr gesund gehaltenen Oase Lapplands zu befreien. Sie fahren zu diesem Behufe fast täglich auf kleinen Kähnen auf dem angeblich 6 bis 7000 Fuß tiefen Fjord umher und scheuen so wenig die lappländische Mücke (graue Wespe), wie die fast unausgesetzt arbeitenden Quänen dieses bösartige Insect beachten. Während des ewigen Tages scheinen die Nordländer keines Schlafes zu bedürfen, denn sie arbeiten fast ununterbrochen und fragt man: wann sie schlafen? so antworten sie: schlafen können wir in der ewigen Nacht genug.

In Bosekop leben auch in der Regel die fremden Gelehrten, welche Lappland wollen kennen lernen. Von Bosekop aus führt nämlich der einzig practicable Weg quer durch Lappland nach Torneo oder Haparanda am Bettnischen Meerbusen. Ich konnte im Jahre 1856 diese Tour nicht machen wegen des in diesem Jahre furchtbaren Schnee-, Regen-, Nebel- und Frostwetters, obschon ich einen der erfahrensten und liebenswürdigsten Reisegesellschafter hatte; und im Jahre 1857, wo das Wetter allerdings sehr günstig war, fand ich keinen Gesellschafter. Doch erzählte mir in Hammerfest der in der Lappenstation Kautokeino – unfern der schwedischen Grenze am oberen Altenelv – ansässige Kaufmann Klerk, daß man von Bosekop aus in Begleitung von Lappen, welche Zelt, Rennthierfelle, Bagage und Nahrungsmittel tragen, einen großen Theil des Weges nach Kautokeino reiten und unter Felsen vom Zelte geborgen ruhen könne, weil dies wegen Ungeziefer und fürchterlicher Luft in Lappenhütten nicht möglich sei. In Kautokeino könne man sich restauriren und dann die Reise, allerdings zu Fuße, nach der Lappenstation Muonionisko fortsetzen. Von Muonionisko werde man von Lappen in Spitzprahmen den Muonio hinab bis in den Tornea und diesen hinab bis in die Nähe von Harparanda gefahren. In drei bis vier Wochen

Fortsetzung Seite 105

Zum größten Teil unbewohnte Schären vor dem Hafen von Ballstad auf der Lofoten-Insel Vestvågøy.

Nächste Doppelseite: Eine Bucht des Reinefjords bildet den natürlichen Hafen des Lofoten-Fischerdorfes Reine auf der Insel Moskenesøya.

Seite 100/101: Hafenanlagen der Lofoten-Fischer in Henningsvaer auf der Insel Austvågøy (oben) und in Reine (unten).

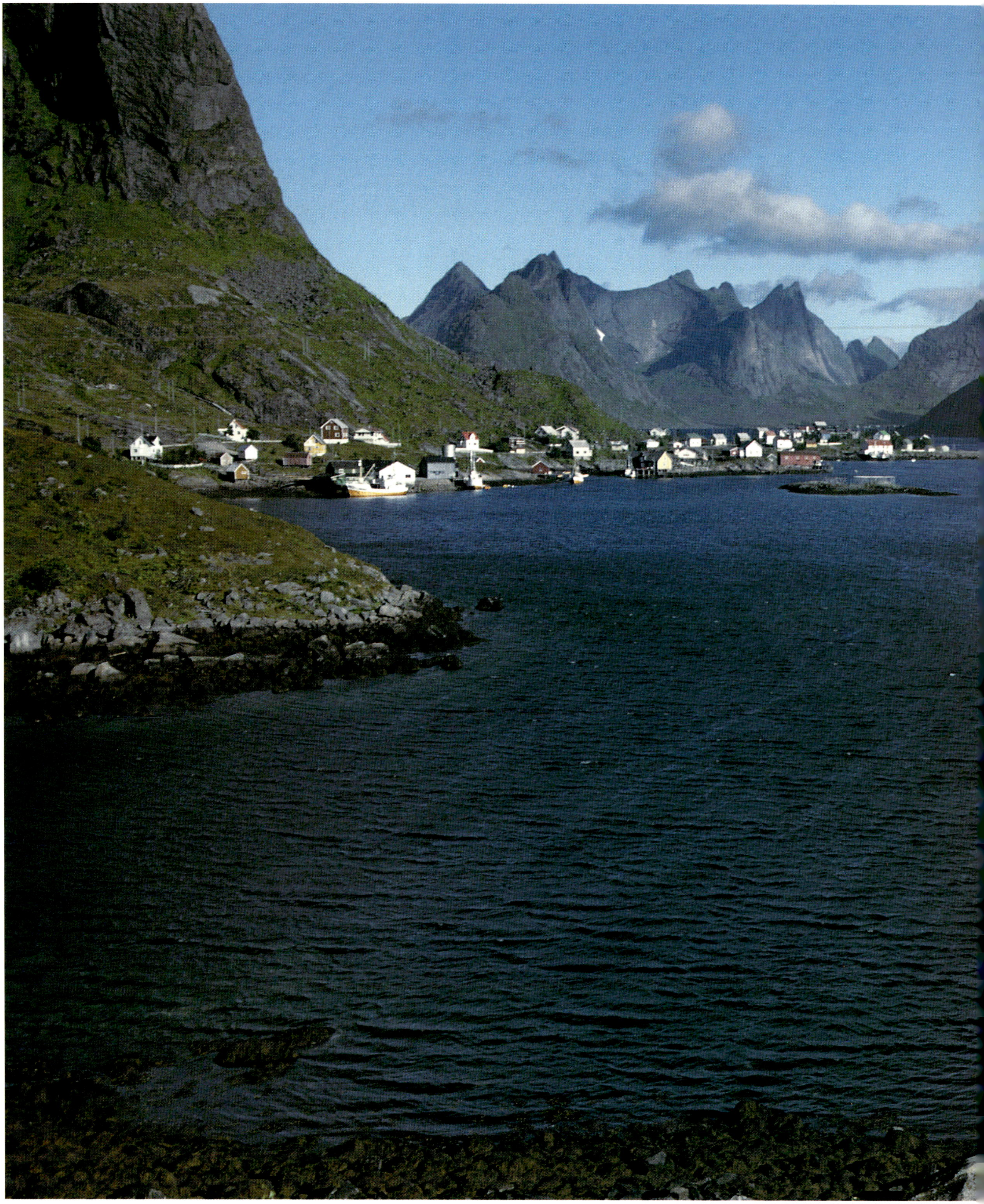

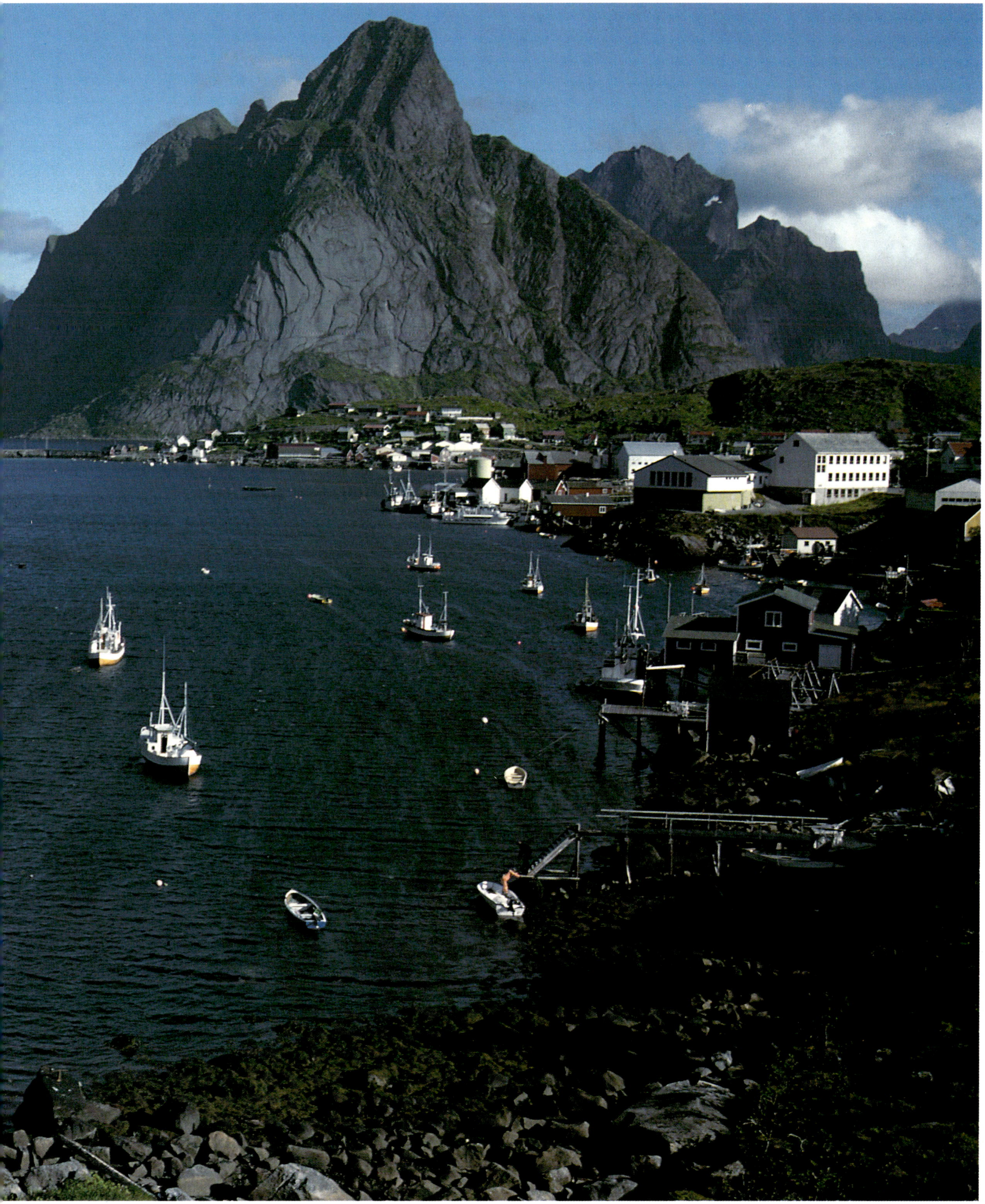

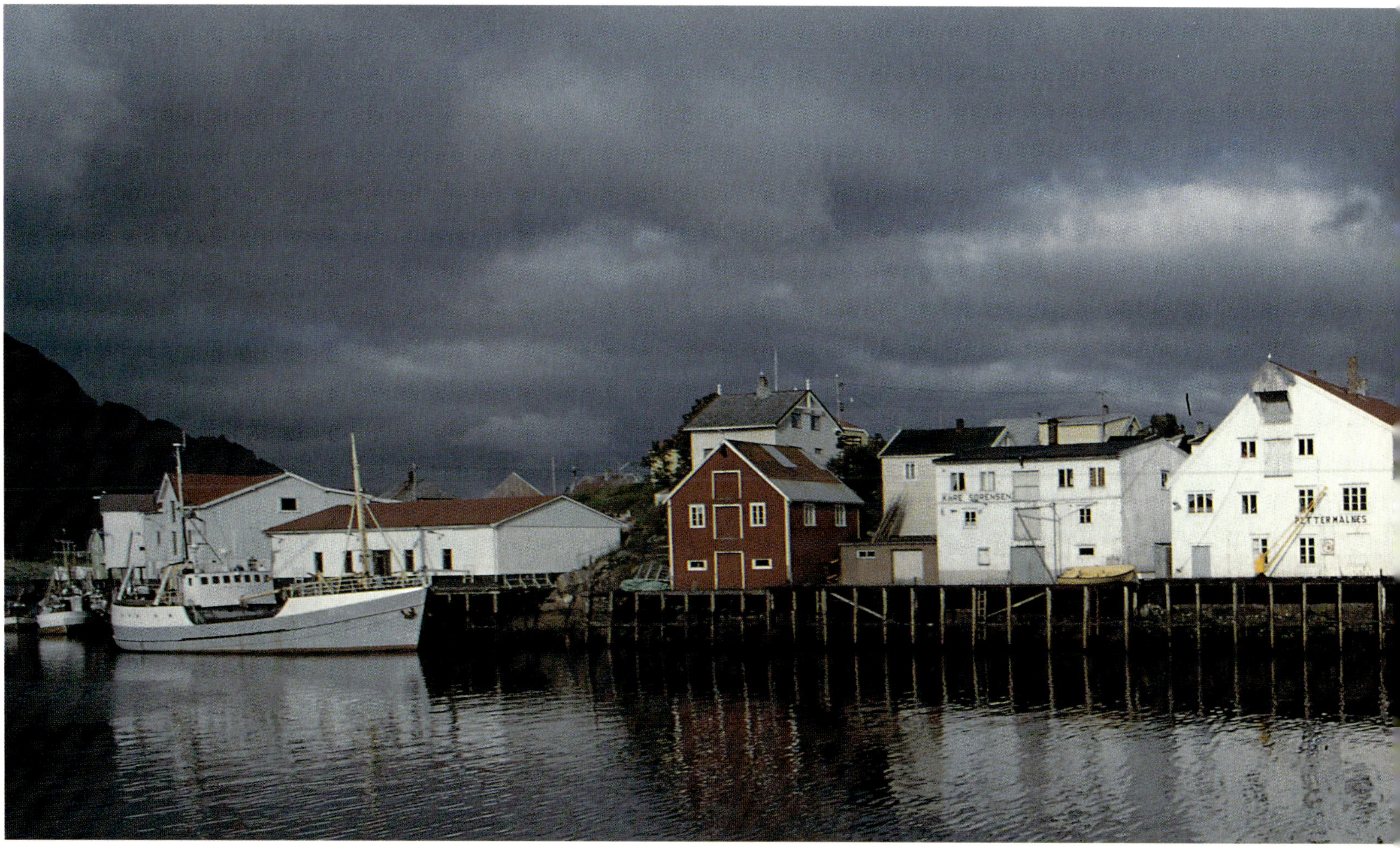

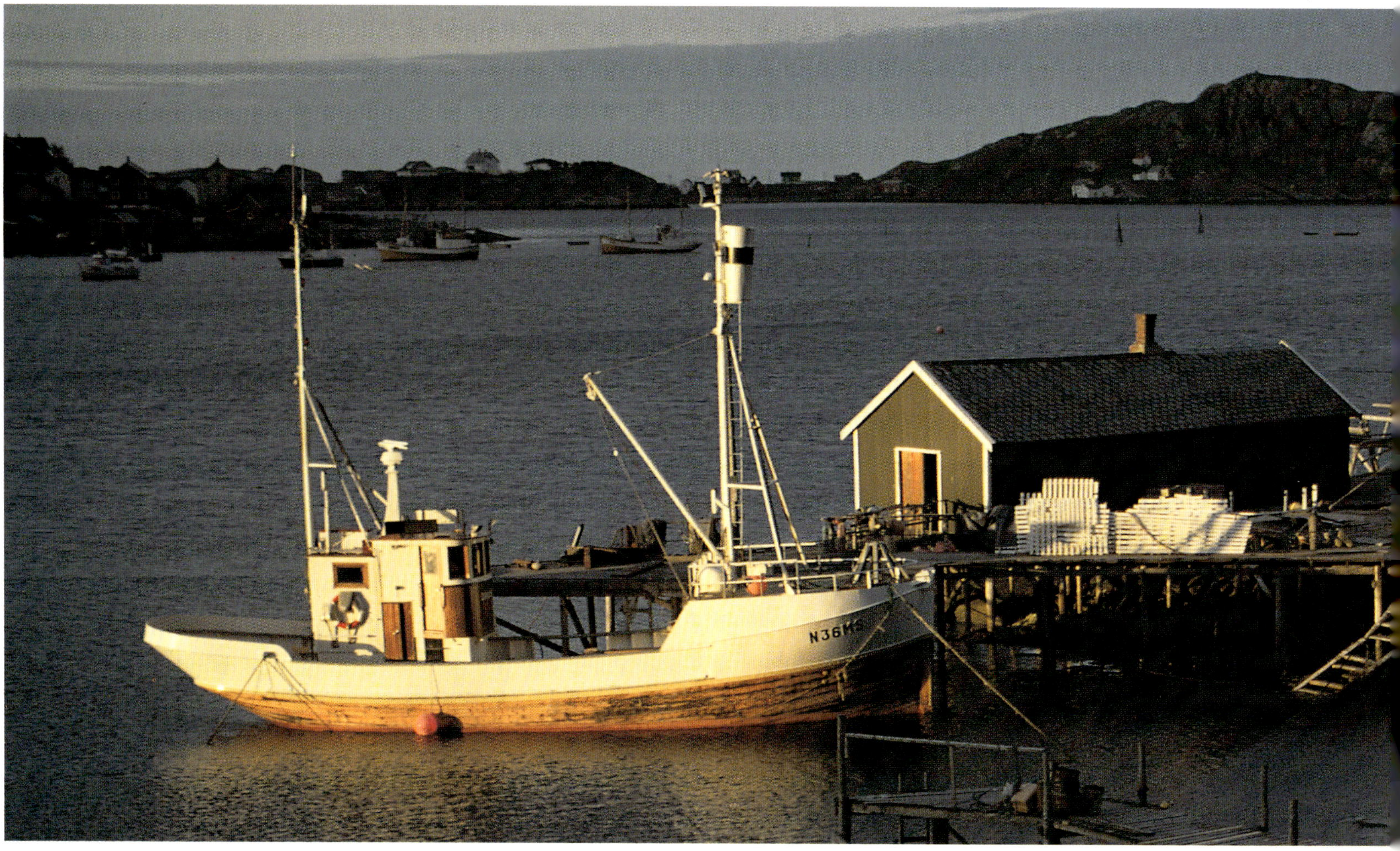
N36MS

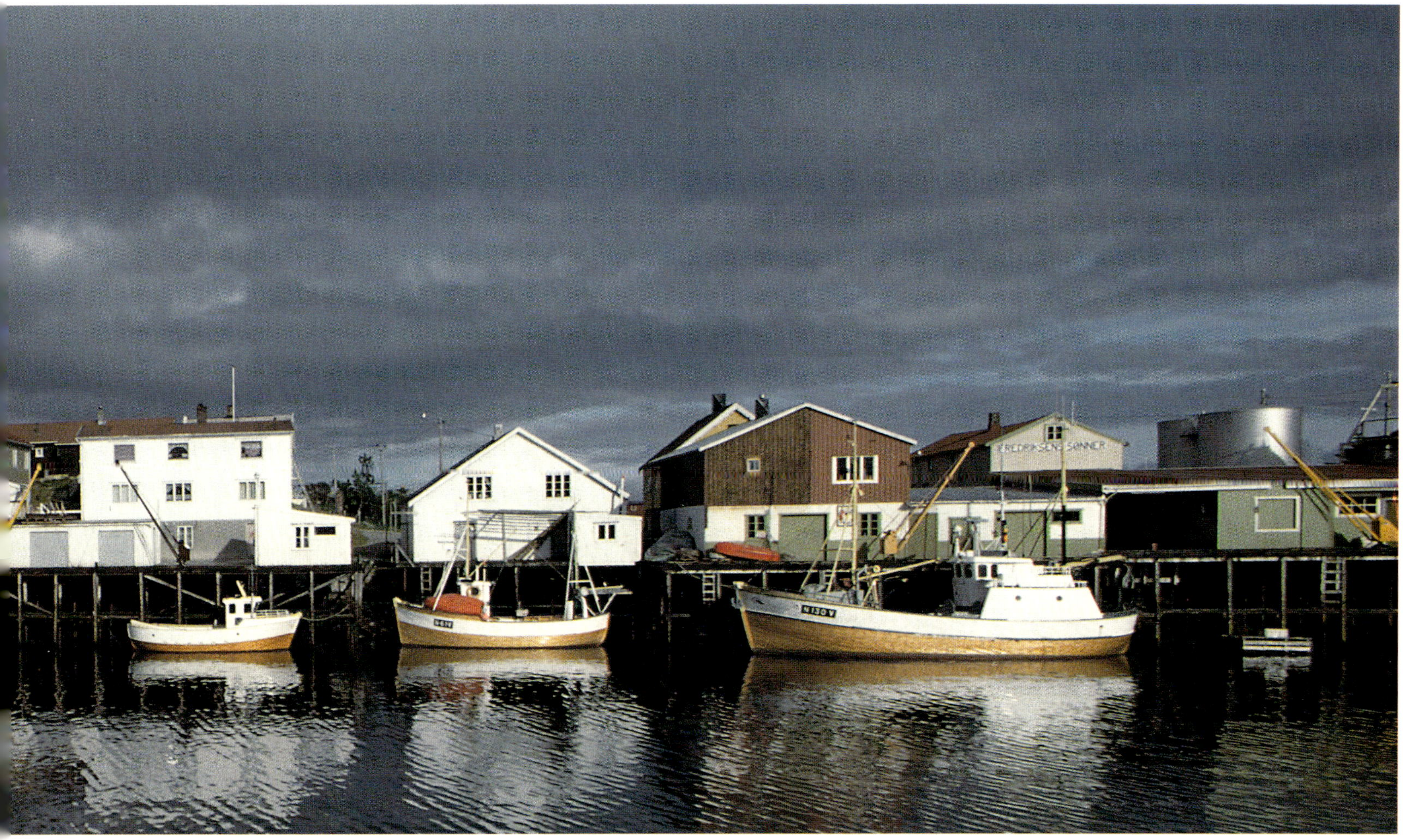
FREDRIKSENS SØNNER
N 130 V

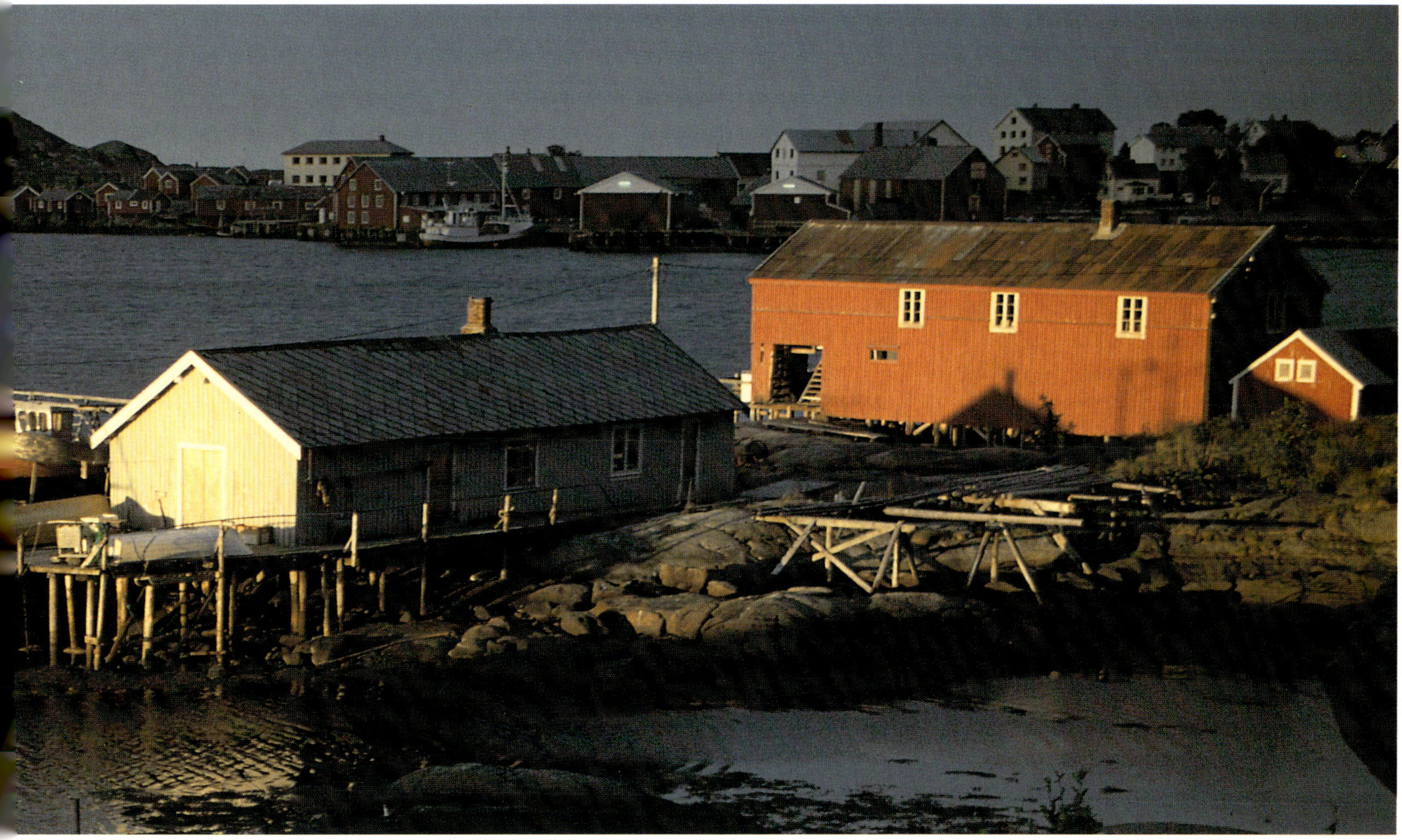

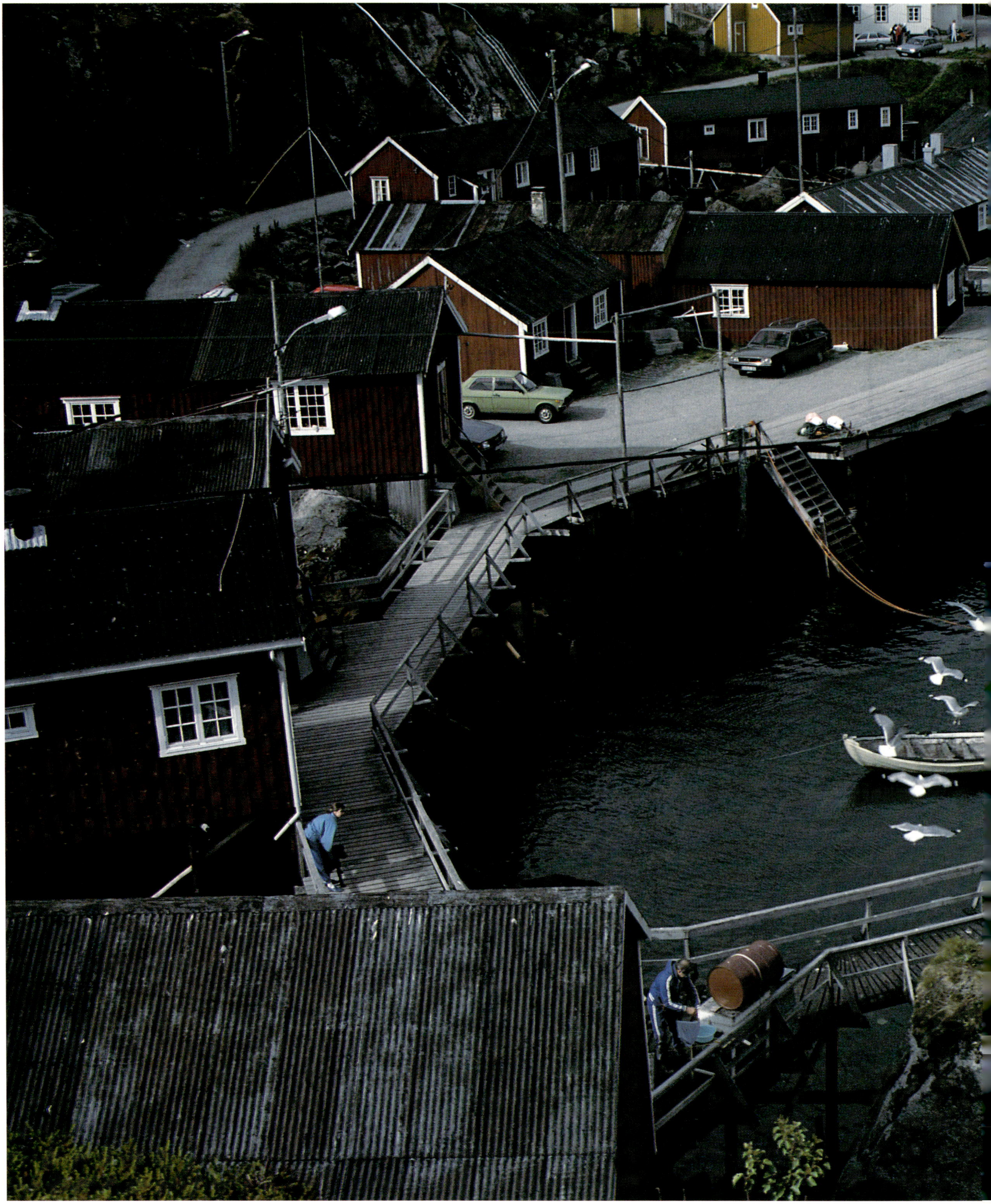

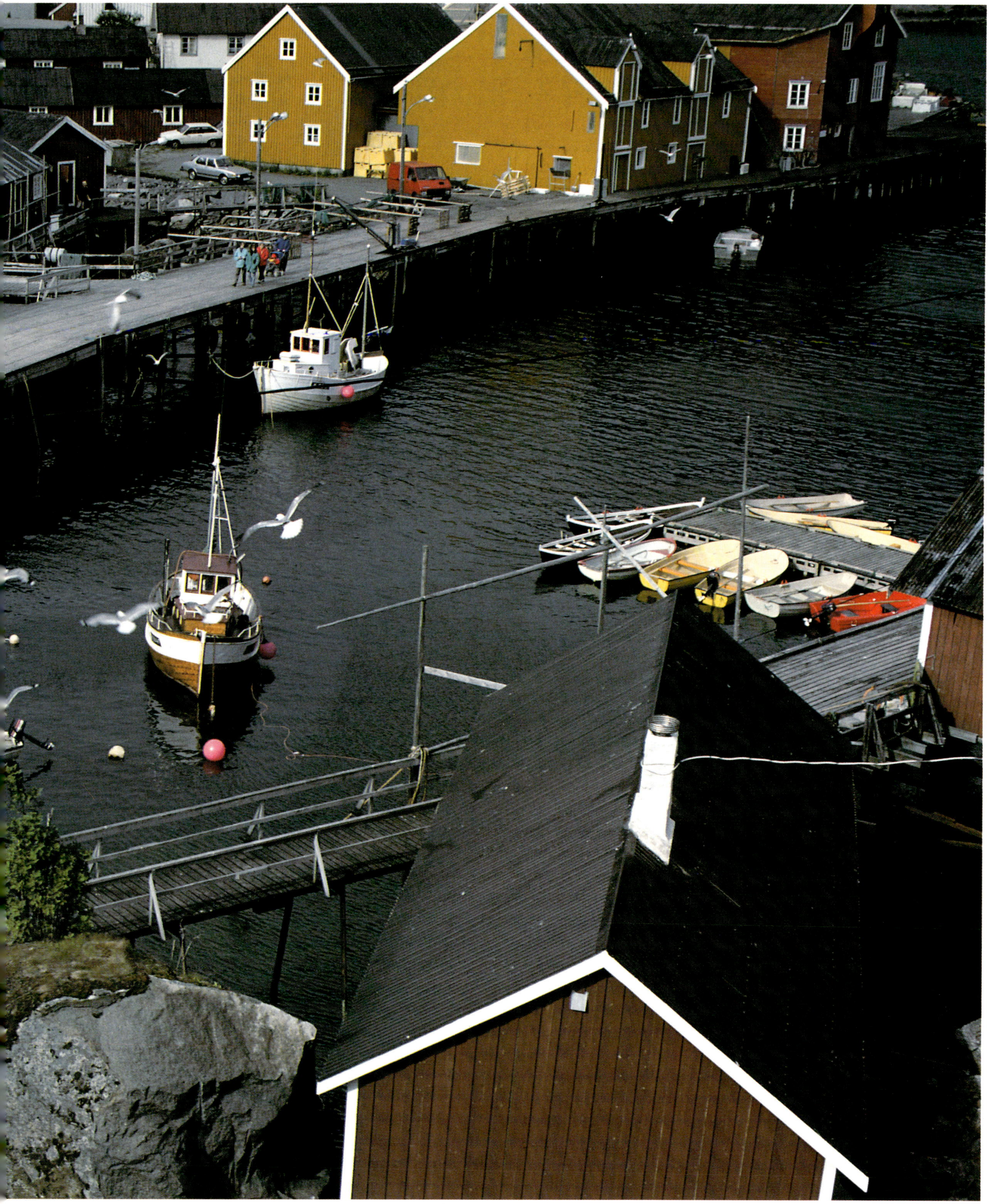

Lofoten-Fischer kehren vom Fang nach Mortsund am Vestfjord zurück.

Vorherige Doppelseite: Sogenannte «Rorbuer» am Hafen von Nusfjord, Unterkünfte der nicht von den Inseln stammenden Saison-Lofoten-Fischer.

könne man die Reise zurücklegen. – Aus dem Altenfjord fährt man durch enge Suude, an denen sich an einzelnen Stellen angeschwemmte Bänke oder Vorufer befinden, nach Hammerfest auf der Insel Qualö.

Die nördlichste Stadt der Erde

Hammerfest hat über 1100 Einwohner und ist in Hufeisenform um einen kleinen Hafen herumgebaut. Die Häuser sind von Holz, aber größtentheils hübsch getäfelt, mit Theer oder Oelfarben gestrichen und mit Dachpfannen, Steinen oder Rasen gedeckt. Bei den meisten Häusern sind Gärtchen, in denen Rettige, Rüben, Salat und andere Gemüse, sowie Tausendschönchen, Aurikeln, Lack und viele andere Gartenblumen; an Bäumen aber nur die nordische Pappel, Prunus padus, Bergesche oder Sorbus gezogen werden. An den Firsten der Häuser sind häufig kleine Gestelle angebracht, auf welche die Elstern ihre Nester bauen, da die Waldbäume hier nur einige Zoll hoch werden und keine Vogelnester tragen. Eine Straße führt um den ganzen Hafen herum. Der Haupttheil der Stadt ist an der Ostseite an einem sanften Hügel gelegen. Auf dem Hügel steht die sehr hübsche Kirche und unfern davon ist der geräumige Gottesacker. Hammerfest hat jetzt drei bequeme Gasthäuser; doch ist das beste das am Hinterhafen gelegene des Kaufmanns, Conditors, Gast-, Ressourcen- und Theatersaalwirths Rustad. Auf der Westseite des Hafens befindet sich zur Zeit auf einem großen Wiesenplane der Hof des englischen Consuls (welcher ebenso wie seine Familie gut deutsch spricht und gegen Reisende sehr gastfreundlich ist) und unfern davon steht am Endpunkte der Meridianlinie, welche unter des russischen Gelehrten Struve's Leitung von Ismail am Donauausfluß ins schwarze Meer bis Hammerfest 25 Grad 20 Min. gemessen wurde, ein Denk- und Markstein. Für manche Gelehrte ist dieser Punkt der wichtigste in Hammerfest. Zwischen diesem Punkte und der Stadt steht mitten in der Hafeneinfahrt im Meere ein glatter hoher Felskegel, welcher waagerecht glatt abgeschnitten ist und jetzt wie eine ungeheure hohe Bastion im Wasser erscheint. Im Hinterhafen liegt um die Brauerei und um die in der Nähe an einem reißenden Bergfluß gebauten großen und kunstvoller als die gewöhnlichen norwegischen Mühlen eingerichteten, Mühlwerke, eine schöne Wiese, auf welcher im Sommer Pechnelken, Hahnenfuß, Vergißmeinnicht und andere Blumen in dem unglaublich dichten Grase mit derselben Farbenpracht blühen, wie es auf den schönsten Wiesen Deutschlands zu sehen ist. Wenige hundert Fuß über der Wiese liegt ringsum an den Bergen dichter Schnee, in dessen Nähe nur die wenige Zoll hohe Zwergbirke wuchert und blüht und der kriechende Wacholder seine Beeren trägt.

Der Handel in Hammerfest ist sehr lebhaft, namentlich mit Archangel; der Hafen liegt daher fast immer voll russischer Schiffe, welche Mehl, Graupen, Grütze, russische Nüsse, Hanfleinwand und andere russische Producte bringen und dagegen Thran, Fische und andere norwegische, englische und amerikanische Artikel (welche von Bergen nach Tromsö und Hammerfest gebracht werden) holen. Auch verproviantiren sich hier fast alle Schiffe, welche hinüber nach Spitzbergen zum Walfisch-, Robben- und Eisbärfang fahren und bessern sich hier aus, wenn sie in den dortigen Gewässern Havarie erlitten, oder Schiffsutensilien verloren: Liebhaber finden daher in Hammerfest häufig Gelegenheit, einen Abstecher nach dem nur etwa 70 Meilen entfernten Spitzbergen, oder nach dem weit südlicher liegenden Archangel zu machen. Das Leben und die Wichtigkeit der lappischen Städte Tromsö und Hammerfest ist den seefahrenden Nationen sehr wohl bekannt (wenn man auch in Deutschland zur Zeit noch kaum eine Ahnung davon hat); daher trifft man in genannten Städten Consuln von England, Holland, Rußland, Nordamerika u.s.w. Das gesellige Leben in Hammerfest soll ein zufriedenstellendes und Musik und Gesang sollen sehr heimisch sein (wovon ich nur einige Proben zu hören bekam). Unter den Einwohnern traf ich auch einige Deutschsprechende.

Der Weg zum Nordcap

Von Hammerfest kann man mit Dampfschiff nach dem Nordcap fahren. Es geht nämlich alle Wochen während des Sommers ein Schiff von Hammerfest nahe bei dem Nordcap vorbei bis Vadsö – dem äußersten Punkte Norwegens an der russischen Grenze – und legt

Der Hapag-Dampfer «Resolute» vor Hammerfest. – Die nördlichste Stadt Europas wurde im Laufe ihrer Geschichte dreimal völlig zerstört: 1809 von den Engländern, 1890 durch einen Großbrand und während des Zweiten Weltkriegs von deutschen Truppen (Foto, 1928).

auf der Insel Magerö an der Station Maasö an. Der nördlichste Ausläufer von Magerö heißt aber das Nordcap. Von Maasö ist es leicht, in einem kleinen Boote die kurze Strecke nach dem Nordcap hinüberzufahren. Auf dieser Reise führen die Touristen in der Regel ein Brennglas mit sich, um sich zum Andenken an den nördlichsten Punkt Europa's von der Mitternachtssonne mittelst dieses Glases ein Loch in den Rock brennen zu lassen. Auch nehmen sie von hier für die Ihrigen in der Heimath einige Bäume und Sträucher, sowie Vergißmeinnicht, Fingerhut, Eisenhut, nordische Glocke, Hahnenfuß und andere Blumen mit. Dann schauen sie sich um und bemerken, daß Island weit südlich liegt; daß sie sogar weiter im Norden stehen, als die ganze bekannte Küste Grönlands, – ja sogar nördlicher, als die Südküste Nowaja Semlja's; sehen im Geiste auf das tief im Süden liegende Petersburg mit denselben Empfindungen herab, mit denen man in Dresden oder Prag nach Neapel hinabsieht, und – treten den Rückweg an. In Hammerfest aber lassen sie sich von Rustad erst einige Dutzend geräucherte Rennthierzungen einpacken, um den Lieben daheim Etwas mitzubringen, was in der That «weit her ist».

Zurück an der Fjordküste über ...

Auf der Rückreise nach Drontheim kann man am Quenanger- und an anderen Fjords Kupferbergwerke, an vielen Inseln und Festlandsgebirgen die Nordseiten und an ihnen schauerliche Fels- und Schneegruppen, unter Umständen in den nördlichsten Graden tüchtige Seenebel und in denselben eigenthümliche tiefstehende mit Reflexbogen versehene Regenbogen bei Mitternachtssonne beobachten; weiter südlich aber, unter 69 und 68 Grad (wenn die Rückreise im August geschieht, wo die Sonne sich schon etwas unter den Horizont senkt), Abends merkwürdiges Himmels- und Bergeglühen in Farben, wie ich sie nur unter genannten Breitegraden beobachtete, sehen. Außerdem kann man auch in den verschiedenen Fjords und Sunden am Baum- und Strauchwuchs sehr deutlich bemerken, welch großer Unterschied in der Vegetation ist zwischen Gegenden, wo Quarzgeschiebe, Thonschiefer, Schwefel, Urkalk und Glimmer stehen, und wo der Grund von

Fortsetzung Seite 111

Touristen in der Sassenbay auf Spitzbergen; im Hintergrund der Postgletscher. Schon vor dem Ersten Weltkrieg wurden Kreuzfahrten ins nördliche Eismeer, ans «Ende der Welt», unternommen. 1896 wurde bereits auf Hotelneset am Adventsfjord ein Hotel eröffnet.

Nächste Doppelseite: Mit Stock und Hut wagen sich einige Kreuzfahrtteilnehmer auf die Ausläufer des Svartigengletschers auf Spitzbergen. Seit dem internationalen Vertrag vom 14. August 1925 gehört «das Land mit den kalten Küsten» zu Norwegen.

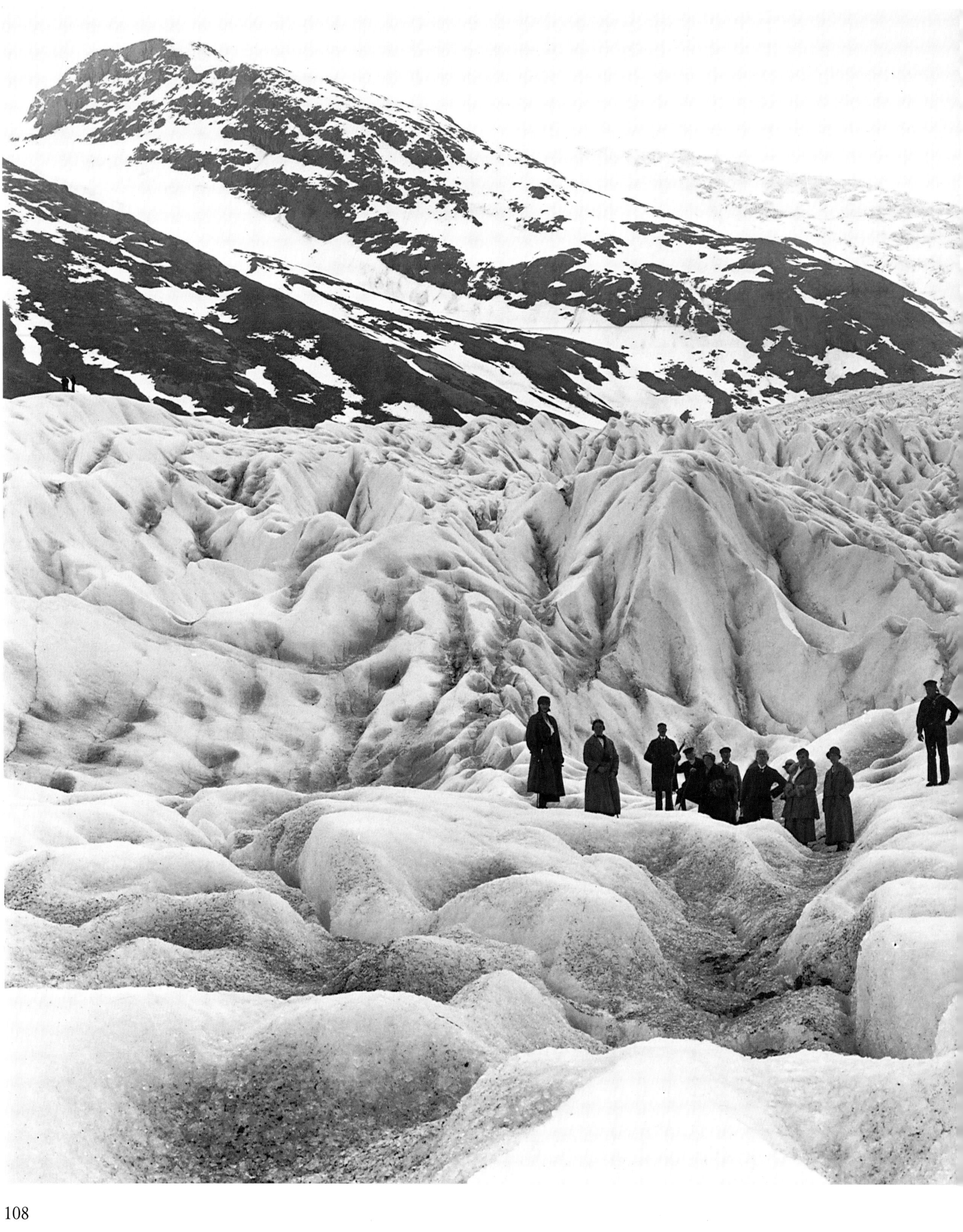

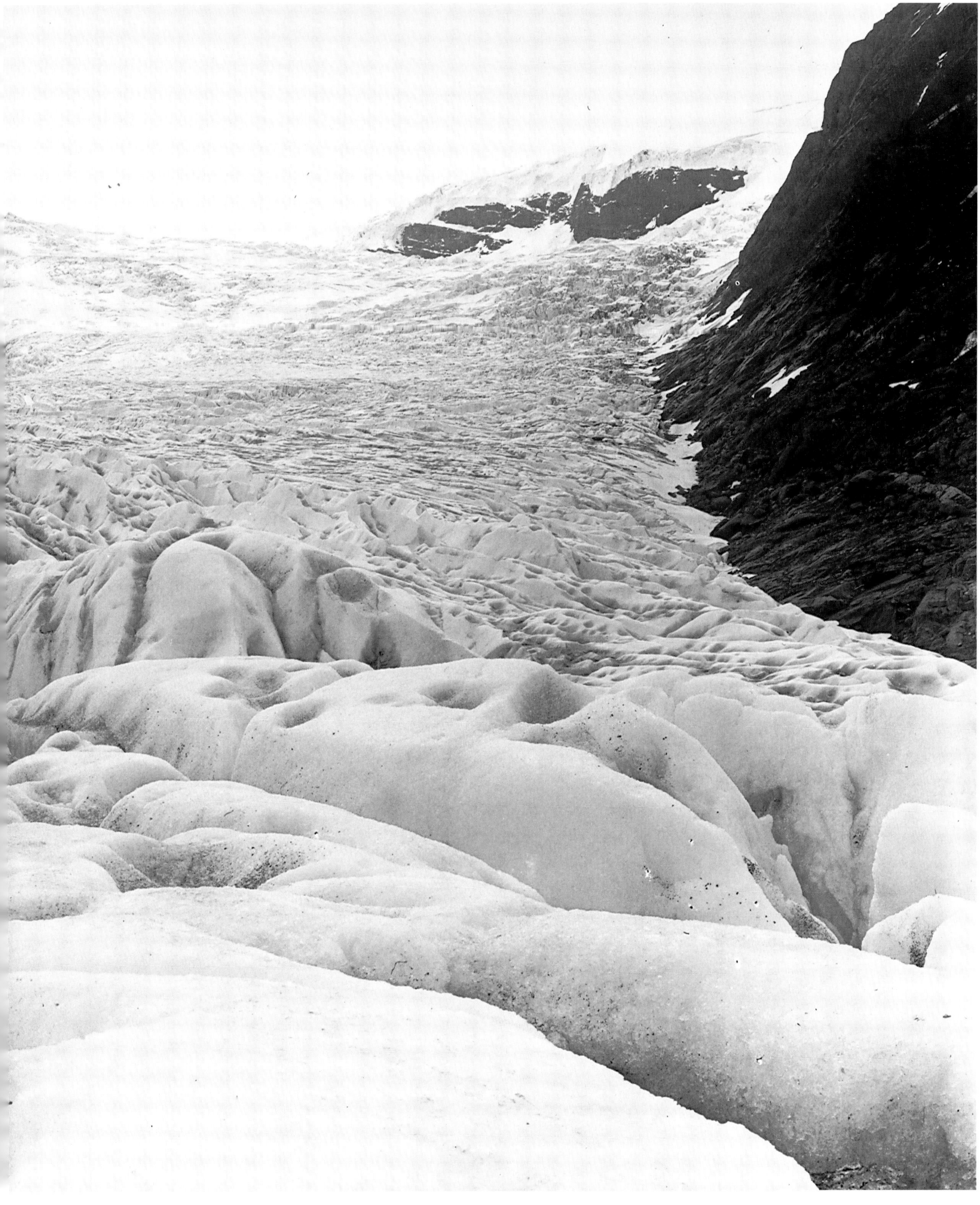

Samen-Familie am Lyngenfjord östlich von Tromsø (Foto, 1929).

Links: Rauchende Frau in altnorwegischer Tracht (Foto, 1874). Rechts: Zweige dienen diesen beiden Samenjungen als Skistöcke (Foto, 1895).

Blende, Gneis und Spath gebildet wird. Viel Unterhaltung gewährt auch das Leben, welches sich an jedem Stationsorte bei Ankunft eines großen Schiffes augenblicklich entwickelt. Die großen Schiffe können nämlich an keinem Stationsorte dicht an den Strand fahren, sondern müssen in größeren oder geringeren Entfernungen vom Lande Anker werfen. Sobald der Anker fällt, wird plötzlich die bis dahin leblose Küste lebendig: hinter jedem Felsen schießt ein Boot hervor; in gestrecktem Lauf arbeitet jedes nach dem großen Schiffe und binnen wenigen Minuten ist dieses völlig von Booten umringt, welche theils Güter und Passagiere bringen oder holen; theils auch nur sehen, wer oder was am Bord des großen Schiffes ist: denn der einsame Nordländer sieht gern einmal fremde Menschen und Dinge. In der Regel geht man an jedem Orte, wo das Schiff einige Zeit liegt, ans Land, um Ort und Gegend zu besehen.

Wer auf der Nordtour von Drontheim nach dem Fiskumfos und Namsos die schöne Landreise machte, kann auf der Südtour die Küsten vom Namsenfjord bis Drontheim kennen lernen. Wie überhaupt die Gegenden um das Drontheimfjord die bewohntesten und bebautesten in Norwegen sind, so sind auch gedachte Küsten gut bevölkert. An vielen Stellen haben die Bewohner ihre Äcker und Wiesen bis ans Meer ausgedehnt. – Der nächstwichtige Ort ist Christiansund, eine neue, sehr gut gelegene und belebte Stadt. Der Hafen ist mitten in der Stadt, d. h. das Wasser bildet ein Viereck mit vier eingebogenen Seiten. An diese Seiten sind die Stadttheile amphitheatralisch an den Felsen hinaufgebaut. Die Einfahrt vom offenen Meere ist durch einen mitten in der Einfahrt liegenden Felsen so verengt, daß nur eine Schiffsbreite übrig geblieben. Der Anblick dieser sehr handelsthätigen Stadt ist höchst anziehend.

... **Trontheim**

Molde, in einer reizenden Gegend gelegen, ist ein Stadtanfang, welcher im Sommer von Engländern sehr besucht wird, weil der Lachsfang in den umgebenden Gewässern sehr anziehend erscheint. – Die Stadt Aalesund, liegt wo möglich noch günstiger als Christiansund und treibt viel Handel. An den Ufern des Hafens sind an einigen Stellen Vorufer, wie an vielen anderen Stellen an der norwegischen Küste. – Unterhalb Aalesund passirt man die Eicheninsel. Eichen sind jedoch nicht mehr vorhanden, wie überhaupt nur an wenigen Stellen Norwegens, weil man sie überall zum Schiffbau abgehauen.

... **Molde und Ålesund**

Unter 62 Grad 10 Min. passirt man das gefürchtete Vorgebirge «Stadt». Dieses hohe, zerrissene, kahle Gebirge ragt meilenweit in die offene See hinaus und ist bei Sturm und Nebel sehr schwer zu passiren. Seine wilden Risse, Spalten, Höhlen und Kanten sollen einestheils durch die fortwährend frei aus Nordwest andrängenden Wogen, anderntheils aber auch die ewige Einwirkung des Golfstroms entstanden sein. Man nimmt nämlich an, daß in der Gegend des Vorgebirges Stadt der Malstrom auf die norwegische Küste stößt und weil ihm dieses Vorgebirge besonders im Wege stehe, dasselbe auch den ersten und heftigsten Angriff auszuhalten habe. Besonders merkwürdig am Vorgebirge Stadt ist ein vom Meere aufstehender Kegel, wie der oben beschriebene Örtind; dann ein weiter, tief in die Felsen hineingehender Stollen, den das Meer bei der Fluth ausfüllt, bei der Ebbe aber so viel Raum läßt, daß Kähne hineinfahren können. Bei Stürmen, wo die Wogen mit Gewalt in diese Höhle getrieben werden, soll ein fürchterliches donnerndes Getöse zu hören sein. Dann hat auch das Meer in einer kleinen Schlucht dieses Vorgebirges einen Hügel feinen Sandes zusammengetrieben: etwas sehr Seltenes in Norwegen.

... **vorbei am Vorgebirge «Stadt»**

Unterhalb des Vorgebirges unter 61 Grad 53 Min. passirt man an der Insel Bremangerland einen sehr schmalen Sund, welcher, nach der Form der Insel, einen spitzen Winkel um dieselbe beschreibt. Die in den Sund vorstehende Spitze der Insel heißt Hornelen und zeigt einen der merkwürdigsten Küstenpunkte Norwegens. Diese bedeutende Klippe steht mehrere tausend Fuß senkrecht vom Wasser auf. Die höchste Nase derselben springt wie eine ungeheure runde Bastion gegen das Meer vor. Von dieser Bastion läuft in gleicher

... **an der Insel Bremangerland**

Leuchtturm von Kvassheim südlich von Stavanger.

Höhe mit derselben in schräger Richtung nach den hinterliegenden Bergen eine senkrechte glatte Felsenmauer bis zu einer andern runden Bastion von geringerem Durchmesser, und von dieser läuft die Mauer fort, bis sie sich in den Bergen verliert. Dieser Anblick ist ungemein überraschend: doch wird das Ohr, sobald auf dem Schiffe eine Kanone abgeschossen wird (was bei einer meiner Fahrten geschah) noch mehr afficirt. Denn dann folgt von diesen Felsenbastionen und Naturmauern erst ein Rückschlag, stärker als der Knall der Kanone; dann ist es längere Zeit ruhig, bis endlich in fernen Schluchten ein Donner, wie bei einem furchtbaren Gewitter entsteht, welcher regelmäßig zu- und abnimmt. – In warmen oder gewitterschwülen Nächten sieht man hier das Meer, wenn es bewegt wird, fortwährend in den prismatischen Farben schillern: eine eben so schöne als unterhaltende Erscheinung.

Unterhalb Bremanger werden die Gebirge theilweise kahler; ober- und unterhalb des Sognefjords auch niedriger und natürlich die Kuppen stumpfer. Die einzelnen Landtheile sind durch eine unbeschreibliche Masse von Sunden und Fjorden in so viele kleine meist kahle Inseln getheilt, daß man sich in Wahrheit in einem Labyrinthe befindet und jeder Blick sagt: «hier Land vom Meer' umspült; dort Meer vom Land umfangen». Dabei sind die meisten dieser Inseln so abgeschliffen, wie oben bei der Tour von Christiania nach Eidsvoldbakken angegeben. Hier an der Westküste läßt sich aber dieses in Norwegen so häufige Vorkommniß leicht erklären; während diese Erscheinung auf den Hochgebirgen und mitten im Lande räthselhaft bleibt.

Bergen Mitten in dem Inselchaos aber an der Westseite des Festlandes liegt Norwegens größte und wichtigste Handelsstadt – Bergen – in einer reizenden Gegend. Bergen wurde von der Hanse angelegt; es hat daher einen fast deutschen Charakter; beinahe durchgängig deutsche Sprache; deutsche Häuserbauart; deutsche Tracht; wird im Innern von Norwegen klein Hamburg genannt und gar nicht zu Norwegen gerechnet. Seine Lage hat es allerdings

Fortsetzung Seite 118

Der Hafen der kleinen südnorwegischen Stadt Risør. Alljährlich findet hier Anfang Oktober das traditionelle «Holzbootfestival» statt.

Oslos modernes Stadtbild: Teilansicht des Einkaufs- und Kulturzentrums Aker Brygge, das auf einem ehemaligen Werftgelände errichtet wurde (siehe auch Seite 139).

Einkaufspassage auf Aker Brygge.

Mittagspause auf dem Rasen vor dem Osloer Parlament an der Karl Johans Gate.

Szenen aus der Geschichte Norwegens zeigen die Fresken in der Osloer Rathaushalle.

Malerisch gruppieren sich die Häuser eines Bergener Vororts auf einem der sieben Hügel, die das alte Bergen umschließen.

Stamsund auf der Lofoten-Insel Vestvågøy wird auch von der Hurtigrute angelaufen. Die Jugendherberge des kleinen Fischerdorfes ist zu einem internationalen Treffpunkt geworden.

Eine Ziegenherde wird auf dem Slettefjell in der Nähe von Fagernes im Valdres-Gebiet ins Tal getrieben.

In einer scheinbar endlosen Kette ziehen Rentiere über den zugefrorenen Karasjokka-Fluß in der nördlichen Finnmark.

Frostiger Märztag am Selfjord in der Nähe von Flagstad auf den Lofoten.

immer dergestalt vom Innern Norwegens getrennt, daß es schlechterdings unmöglich war, zu Lande dahin zu gelangen. Die 25.000 Einwohner Bergens gehören unbedenklich zu den schönsten Menschen auf der skandinavischen Halbinsel: eine glückliche Kreuzung zwischen Normannen und Deutschen hat einen Mittelschlag – aber hübscher als beide Grundelemente – hervorgebracht. Die Lage Bergens ist eigenthümlich und abweichend von allen anderen norwegischen Küstenstädten. In den sehr langen und geräumigen Hafen springt eine bedeutende Felsenzunge oder Halbinsel weit hinein und theilt das Hafenbecken in zwei gleiche Theile, welche wieder wie zwei Gabelspitzen die Zunge umschließen. Diese Felsenzunge ist auf allen Seiten mit amphitheatralisch aufsteigenden Häusergruppen besetzt und bildet die eigentliche Stadt Bergen. Auf der Höhe und dem Rücken dieser Nase sind Promenaden angelegt, welche zum Theil in die Felsen gesprengt wurden, zum Theil auf denselben fortlaufen und von Bäumen beschattet werden. Der vorspringendste Punkt der Felsennase endet in einer Festung – Bergenhus – welche zum Theil in Fels gehauen ist und von welcher man die reizendste Aussicht über alle Theile der Stadt, den ganzen Hafen und die Aus- und Eingänge desselben genießt: ein wahrhaft bezaubernder An- und Ueberblick! Dieser Festung gegenüber an der Ostseite des Hafens auf einer kleinen vorspringenden Felsenhalbinsel, welche einen kleinen Beihafen – Nyhavn – mit der sogenannten Fleischervorstadt um denselben, bildet, liegt die Festung Sverresborg mit alten Thürmen, welche mehrfache geschichtliche Bedeutungen haben (Walkendorf) und dahinter eine Bergpromenade, wie man sie nicht reizender finden kann. In diesem dicht mit hohen Laubbäumen aller Art bestandenen Bergparke sind mehrere Kaffeehäuser, ein Naturtheater und andere Anlagen zum Vergnügen. An diese überaus schöne Promenade schließt sich der beinahe eine halbe deutsche Meile lange Nordtheil «deutsche Brücke» an, welcher am Ende in der Calfaritpromenade an sanftgeneigten Bergen im Süden der Stadt endet. Die deutsche Brücke ist eigentlich nur eine Straße an den

Bergen längs des Hafens und des dahinterliegenden Halbsüßwassersees, und hat in der ganzen Länge ins Wasser gebaute fortlaufende hölzerne Vollwerke und Magazine. Nur an einem Punkte, wo die Berge etwas sanfter abfallen, sind eine Anzahl Straßen von der Hauptstraße an den Bergen hinaufgebaut. Hier befindet sich auch die schöne deutsche Kirche mit zwei Thürmen und die sogenannte Domkirche.

Die Westseite der Bai von Bergen ist mit Villen und Prachtgärten der reichen Kaufleute besetzt und im Hintergrunde der Stadt werden die beiden Hafenspitzen durch trefflich chauffirte Wege mit Alleen der größten Laubbäume, worunter namentlich die Eschen, Ulmen und Linden eine Hauptrolle spielen, verbunden. Zwischen diesen verschiedenen romantischen Anlagen zieht sich ein ziemlich bedeutender Halbsüßwassersee hin. Dieser See steht während der Fluth mit dem Meere in Verbindung. Ueber den Meerarm, der diese Verbindung vermittelt, führt eine sehr lange kunstvoll gebaute massive Brücke. Am Südende derselben mahlt eine große Wassermühle und erhöht die Romantik der umliegenden Vergnügungsgärten und Lustpartien. An den schönsten Punkten der Landseiten des Hafens fallen dem Fremden besonders die Gottesäcker wegen ihrer schönen Lage, ihrer vielen Denkmäler und ihres Gräberputzes in die Augen. Jedes Grab hat eine Zierde, und wenn es nur eine hübsche Blume ist; im August aber erscheinen diese Kirchhöfe als orientalische Rosengärten, welche durch sehr hochstämmige, starke Blutbuchen, Birken, Ulmen, Ahorne, Pappeln, Eschen und andere hohe Laubbäume beschattet sind und wodurch die vielen schönen Rosen vor der tödtenden Einwirkung der Sonnengluth geschützt werden. Ueber allen diesen Plätzen und Häuserreihen am Fuße der das große Hafenbecken einschließenden Berge sind die Berglehnen bis über die Hälfte ihrer Höhe mit Getreidefeldern, Wiesen, Gemüse- und Blumengärten, Parkgebüsch und zerstreuten Villen bedeckt – welche Scenerie ein unbeschreiblich freundliches Bild giebt. Namentlich wird der Fremde gefesselt am Halbsüßwassersee, wenn er dort an den hohen Bergen an der Ostseite verschiedene Wasserfälle sieht, darunter einen, welcher auf der höchsten Spitze eines Berges – Ulriken – wie über eine Wallmauer herabstürzt, dann in verschiedenen Windungen als breites Silberband vom Berge herabrauscht, wobei er noch mehrere kleine Fälle in der Luft macht und dann in einem Park verschwindet, aus welchem er zuletzt aus grünen Hecken auf die Straße fällt. – Im Hafen Bergens, am Fuße all dieser Berge und schönen Umgebungen, ist das regste Leben und geschäftigste Treiben. In der Regel sieht man im Sommer hier immer mehrere hundert Schiffe aus allen Welttheilen – Dampf- und Segelschiffe – und daneben hunderte von kleinen Nordlandsfahrern mit Thran und Fischen bis an den halben Mast hinauf befrachtet und eigenthümlich getakelt, löschen und laden an Hunderten von Magazinen und Bollwerken zugleich und dazwischen unaufhörlich die Boote der Commis, Commissionärs, fremden Einkäufer und Reisenden aus dem Hardanger- und Sognefjord kreuzen und durchstechen.

Die Stadt Bergen selbst ist sehr unregelmäßig gebaut. Fast alle Straßen sind eng und krumm und gerade die Hauptgeschäftsstraßen so eng, daß sich an vielen Stellen nicht zwei Karren ausweichen können. Die schmalen Bürgersteige sind zwar, wie in allen norwegischen Städten, durchaus mit Trottoirs belegt, allein dieses giebt blos den Häusern ein hübsches Relief, nützt aber dem Wanderer nichts, da fast jedes Haus einen offenen Verkaufskeller hat, dessen Eingang im Trottoir liegt. Wollte man auf dem Trottoir gehen, so müßte man alle 10 bis 15 Schritt (denn die Häuser sind in der Hauptgeschäftslage sehr schmal) über einen Keller springen. Sonst sind die Straßen sehr reinlich, die Häuser nett, freundlich und mit zahllosen Blumengefäßen geputzt. Alle Gebäude, mit Ausnahme der Festungsbauten, Kirchen und Zollhäuser, sind von Holz, aber sehr gefällig getäfelt, sauber mit Oel gestrichen und werden allwöchentlich von außen gewaschen. Am Hauptmarkt, wo ein ganzer Stadttheil in Asche gelegt wurde, sind die neuen Holzhäuser außen mit kleinen hellfarbenen Backsteinchen (Ziegeln) von unten bis oben verblendet. Die Bedachung besteht, wie in den meisten norwegischen Städten, aus Hohlpfannen; theilweise auch aus Schiefer, welchen man in Trapezform bearbeitet, um für jede Platte nur einen Nagel nöthig zu haben, und dem Dache das gefällige Ansehen eines zierlich beschuppten Fischkörpers zu geben. Die Bergenschen Häuser sind nicht, wie die anderer norwegischen Städte, lang und niedrig, sondern nach deutscher Bauart schmal und hoch. An jedem Hause liegt während des Sommers auf dem Trottoir eine zierlich gemalte, sauber gearbeitete Tonne mit Wasser, um bei Feuersgefahr sogleich Löschwasser zur Hand zu haben. Diese zweifelhaften Zierden für Häuser und Straßen – die Tonnen nämlich – machen auch da, wo keine Keller im Bürgersteige liegen, das Benutzen der Trottoirs völlig unmöglich. Ein anderer Uebelstand ist der Mangel an Straßenschildern und Hausnummern in Bergen. Die Gasthöfe sind in Bergen klein und im Sommer stets überfüllt. Skandinavie, Nord u. A. sind zur Zeit norwegisch; Hotel Pellot ist deutsch. Das Bergensche Museum ist sehenswerth. – An Schulen, Hospitälern und Wohlthätigkeitsanstalten ist Bergen reich.

Von Bergen nach Christiansand

Von Bergen geht jede Woche um die ganze norwegische Küste bis Christiansand ein großes, schönes und sehr nobel eingerichtetes Dampfschiff nach Hamburg. Außerdem führen auch sehr gute Straßen von Bergen nach Süden und Norden in das Land. Auf der Seetour fährt man zunächst in einem wo möglich noch verworreneren Inselwalde, als nordwärts von Bergen, bis nach Stavanger. Diese Stadt soll nach Drontheim die zweitälteste in Norwegen sein. Der Grundbau der großen Kirche spricht dafür. Die Umgebung von Stavanger ist auf der einen Seite sehr fruchtbar und gut angebaut, auf der anderen Seite sind die niederen Felsen kahl. Unterhalb Stavanger bei Jäderen hat das Meer eine ungeheure Kiesbank in einem Bogen um die Küste zusammengeführt und dadurch eine kleine Ebene – etwas Ungekanntes in Norwegen – gebildet. Weiter südlich passirt man Eckersund, Fleckefjord, Farsund und Mandal, ehe man nach Christiansand kommt. Fleckefjord hat zwar lauter enge und verworrene Gäßchen und keinen Platz, ist aber eine lebendige Stadt, hat sehr hübsche Umgebungen und fruchtreiche Felder – denn hier wächst der Weizen hoch und voll. In den nahen Waldungen stehen auch gesunde, starke Eichen. Zwischen Eckersund und Fleckefjord hat das Meer einen meilenlangen Streifen von Kies und Muscheln an die Küste gelegt.

Passirt man den Seeweg bis Christiansand bei Nacht, so gewähren die vielen Leuchtthürme an den Küsten hübsche Ansichten, weil sie nicht immer einzeln, sondern zu zweien und dreien beisammenstehen und theils mit wechselnden, theils mit wandelnden Feuern versehen sind. Macht man den Weg bei Tage, so sieht man die Hochgebirge nur am Saume des Horizontes; die Fahrt selbst aber geht fortwährend an und zwischen niedern, meist vom Wasser glatt abgespühlten, also kahlen Felsen hin. Christiansand ist unter den südlichen Küstenstädten Norwegens die bedeutendste, liegt an einem geräumigen, schönen Hafen, welcher durch Festungen geschützt ist, hat herrliche Environs, reizende Parkpromenaden, ist zwar wie alle norwegischen Städte, von Holz, aber sehr hübsch gebaut, hat lange breite Straßen und hübsche Plätze; die Werfte sind bedeutend. Im Hafen von Christiansand ist die an der ganzen Südküste Norwegens heimische Meernessel besonders häufig. An gewitterschwülen Tagen kommen verschiedene dieser Thiere ununterbrochen auf die Oberfläche des Meeres; erscheinen bald als schmutzig weiß aussehende schlüpfrige Körper; bald entfalten sie sich in der Form von größeren Porzellanköchern, nach Außen gezackt und gefranzt, im Innern in ein rothes Füllhorn übergehend. Dieses Ausdehnen und Zusammenziehen, Vergrößern und Verkleinern, Kommen und Verschwinden geht unablässig fort. Kommt man beim Baden mit einem solchen Thier in Berührung, so hat man eine Empfindung, als würde man von einer Nessel gebrannt. – Von Christiansand kann man über die Nordsee nach Hamburg fahren, wobei man Helgoland von der Nordwestseite passirt. Von dieser Seite erscheint Helgoland als hohe Felsenwand, an deren Nordspitze, abgetrennt vom Hauptstock, eine kolossale Säule wie ein senkrechter einzelner Felsenpfahl im Wasser steht und in Linie mit diesem sieht man ein ungeheures Thor von Stein – beides vom Meere ausgewaschen. Dieses groteske Bild wird verschönt durch den auf dem Hauptfelsen stehenden Leuchtthurm, sowie durch die auf der südlichen Ecke der Insel hervorragenden hohen Häuser und den grünen Rasensaum, welcher die obere Kante der Insel einfaßt.

Fischkutter im nördlichen Porsangerfjord, der seinen Namen nach dem wilden arktischen Rosmarin Pors (deutsch: Porst; lateinisch: Ledum), der hier oben – zwischen dem 70. und 71. Breitengrad – wächst, erhalten hat.

Nächste Doppelseite: Norwegen hat drei Staatsgrenzen; im Osten zu Schweden, im Nordosten zu Finnland, und im äußersten Nordosten bildet die Landstraße bei Jakobselv einen Teil der Grenze zur Sowjetunion.

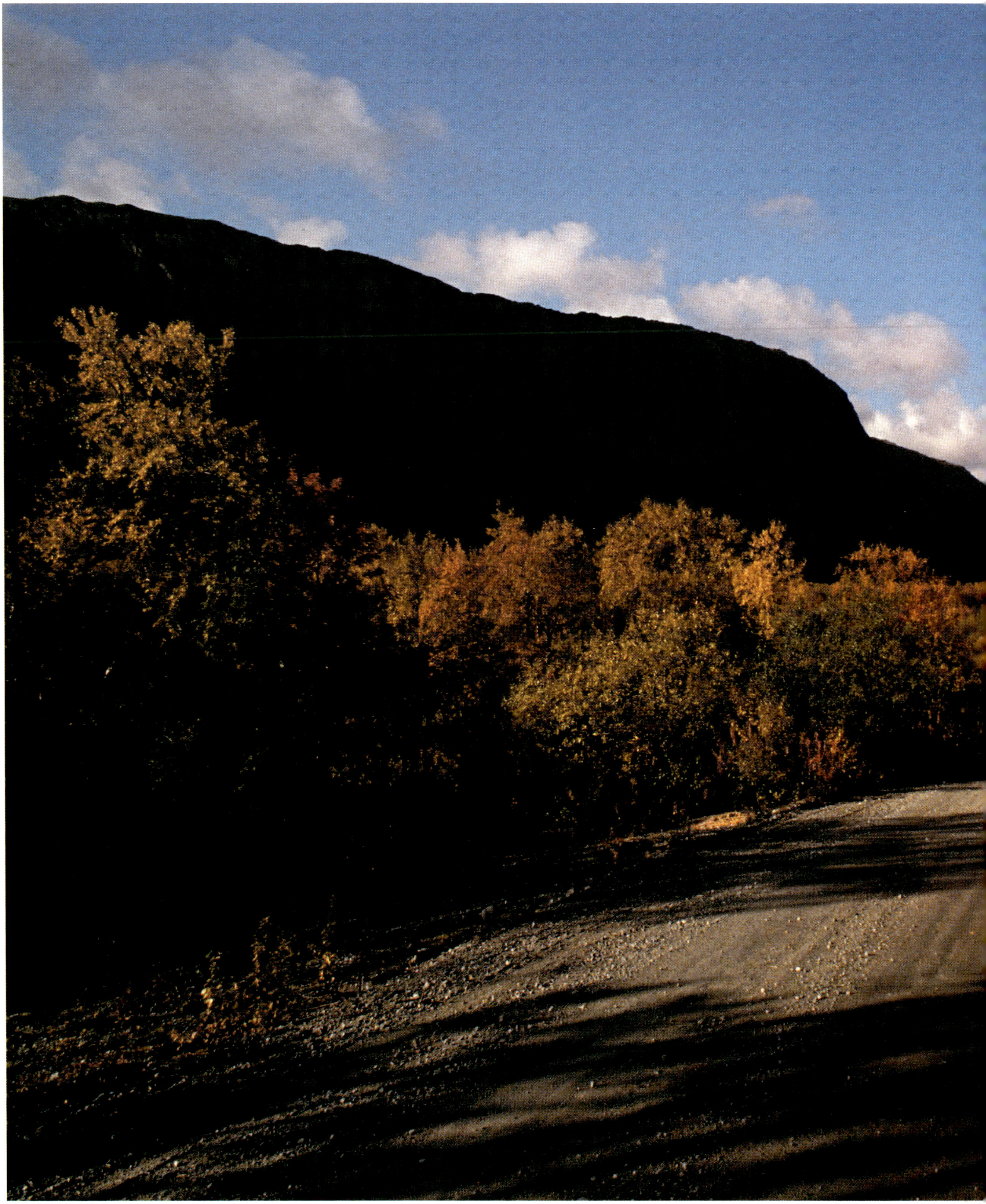

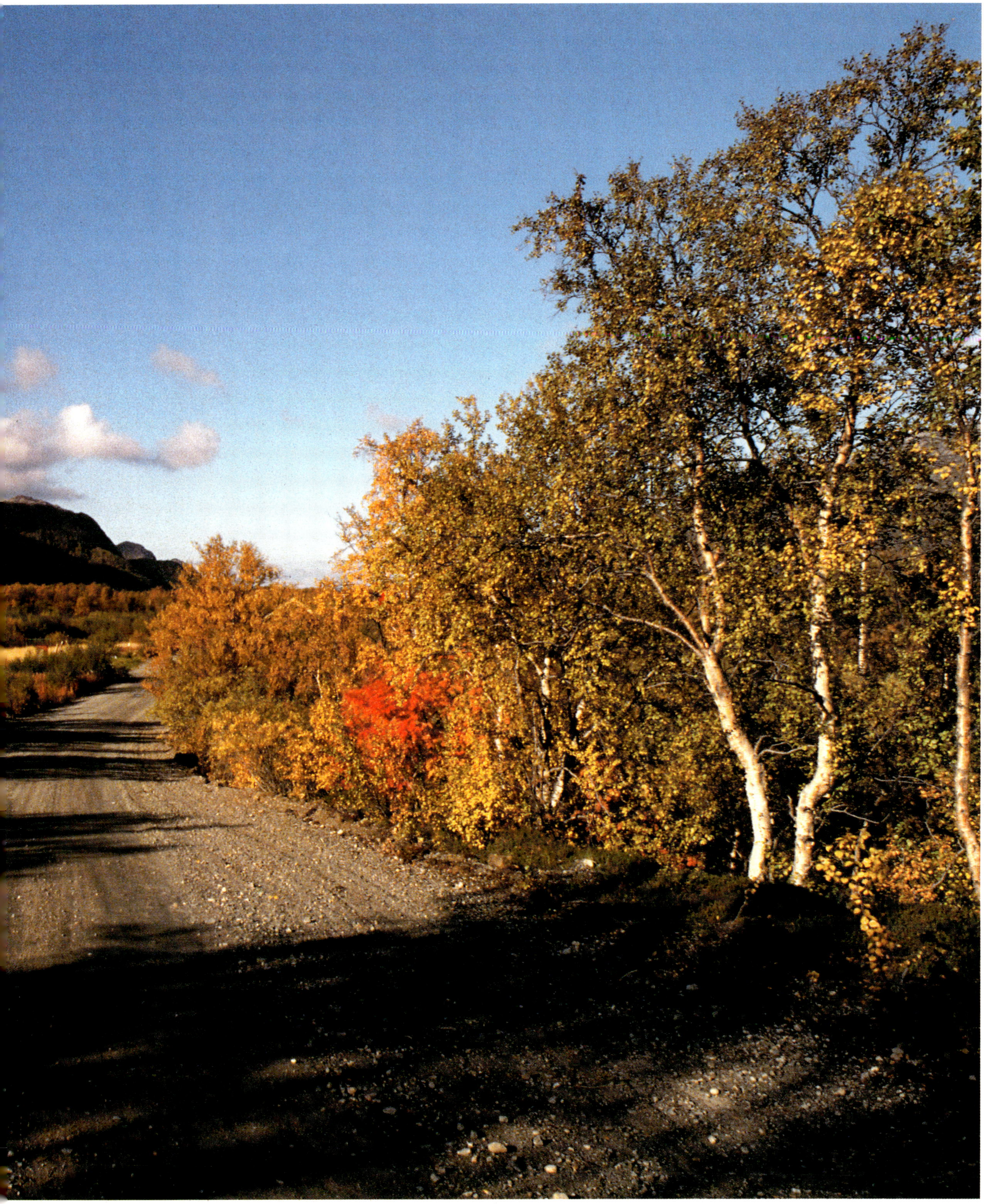

Stolz hebt ein Fischer am Varangerfjord eine im Eismeer gefangene Scholle empor.

Heute treiben die Samen (Lappen) bei Alta in der Finnmark mit modernsten Cross-Motorrädern ihre Rentierherden zusammen.

*Oben und unten:
Rentierschlachtung
auf der Nordkap-
Insel Magerøya.*

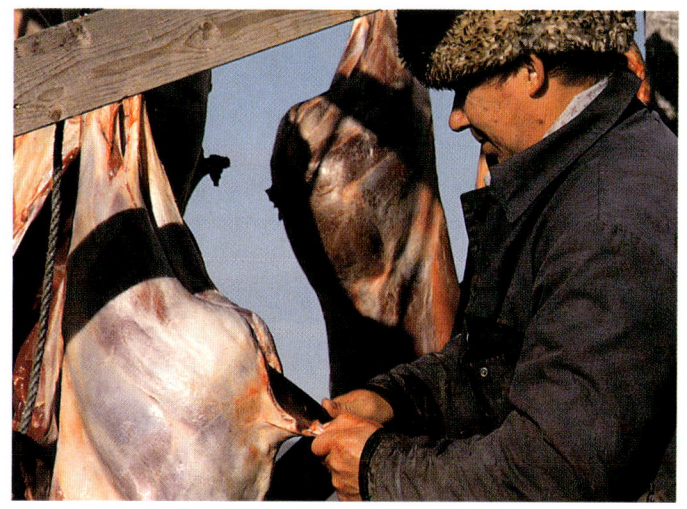

In den Trachten ihrer Vorfahren gehen die jungen Samen noch heute ...

126

... zu Ostern in Kautokeino in der Finnmark zur Konfirmation.

Nächste Doppelseite: Abendstimmung bei Smørfjord am Porsangerfjord in der nördlichen Finnmark. Der Porsangerfjord ist Norwegens viertgrößter Fjord.

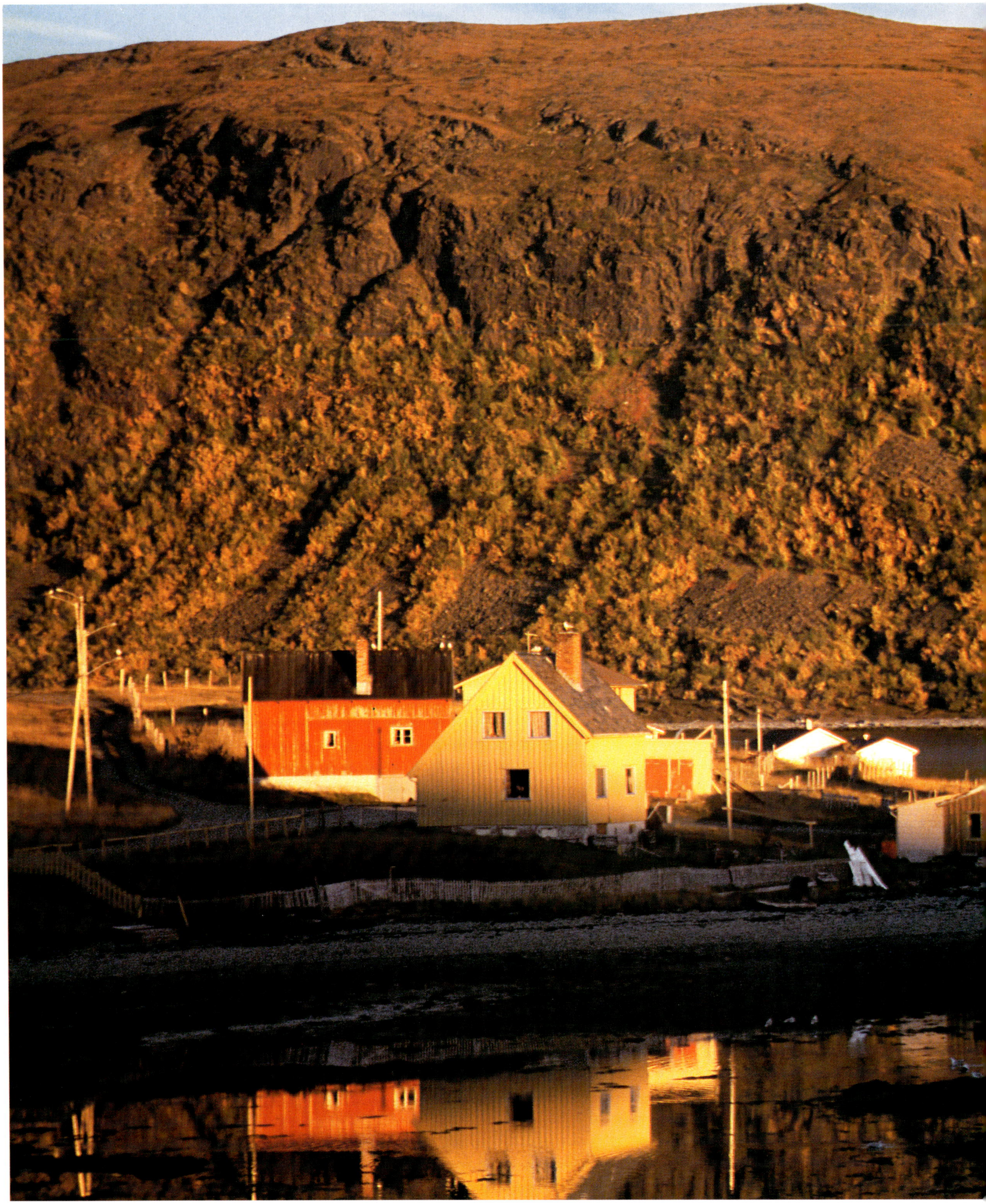

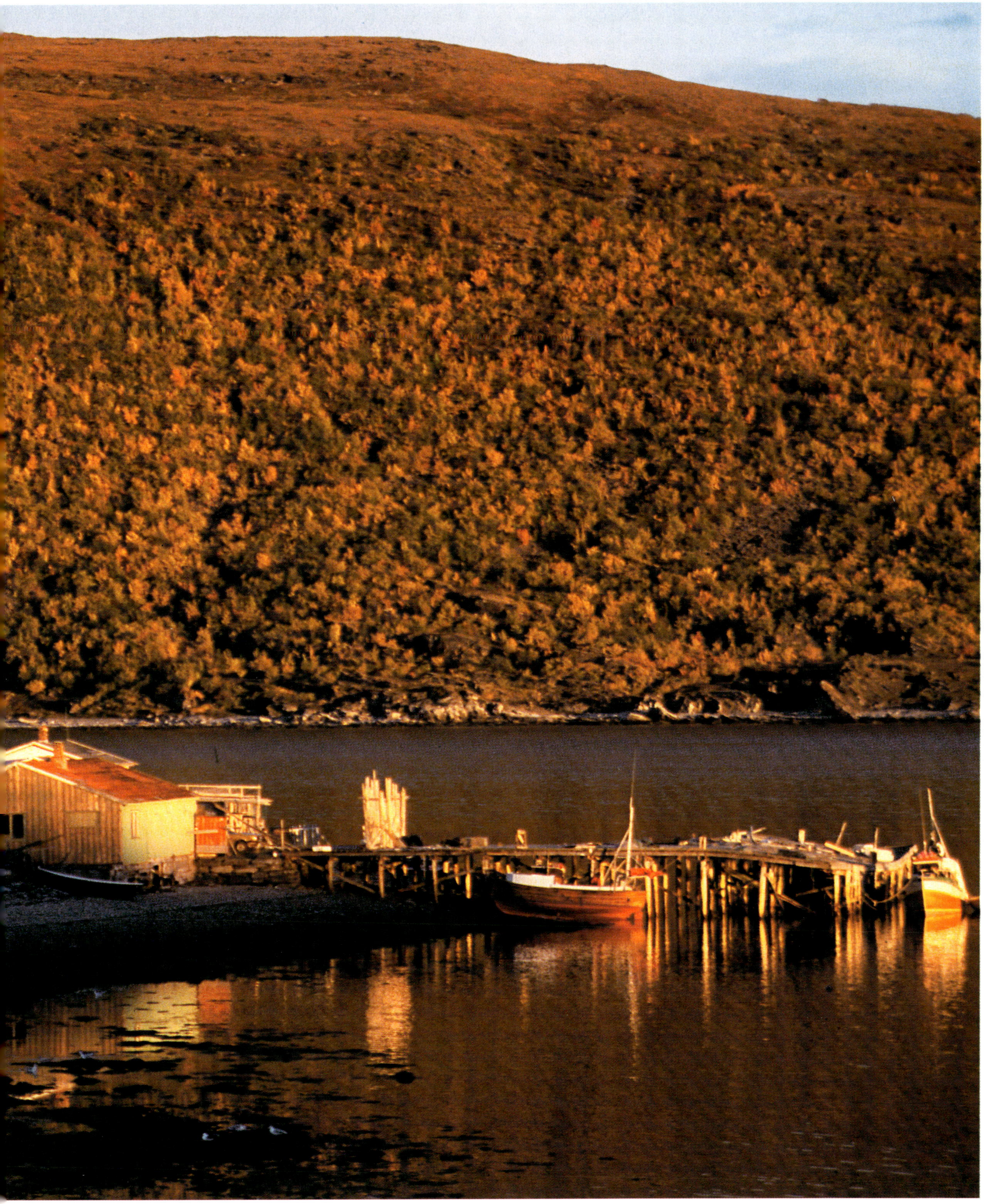

Herbstimpressionen aus der Finnmark. Oben: die Kirche des Samendorfes Aisoroaivve. Unten: Landschaft bei Alta …

... Oben: kleiner Fluß bei Skaidi. Unten: Ahornbäume in einem Waldstück bei Kirkenes.

Abendliches Tromsø. Die mit pulsierendem Leben erfüllte Handels- und Seefahrerstadt ist Ausgangspunkt vieler Expeditionen und Fangtouren in die Arktis.

Stahlglobus am Nordkap. Der nördlichste Punkt Europas ist 2100 Kilometer von Oslo entfernt.

Hammerfest – «Ankerplatz an der Felsenwand» – ist die nördlichste Stadt der Welt. Der ganzjährig eisfreie Hafen ist ein idealer Stützpunkt der Eismeer-Fischereiflotte.

Die Europastraße 6, hier bei Storslett in der Provinz Troms, führt in den hohen Norden.

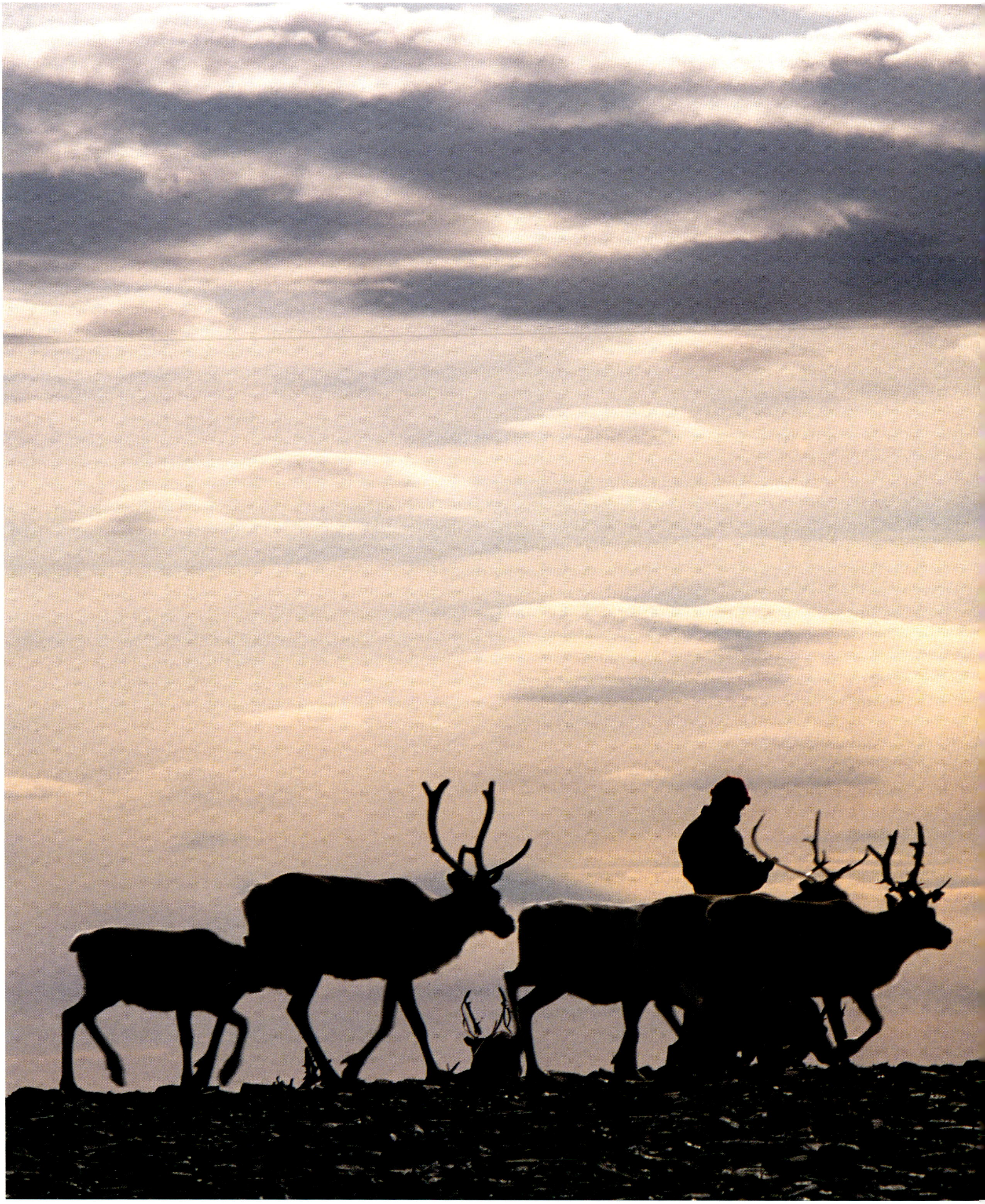

135

Nordlicht in der südlichen Finnmark. Das Polarlicht, wie diese nächtliche Leuchterscheinung in den hohen Schichten der Atmosphäre auch genannt wird, tritt mit unterschiedlicher Intensität sowie in wechselnden Formen und Farben auf.

Vorherige Doppelseite: Samen zählen auf der Nordkap-Insel Magerøya ihre Rentiere.

Eine Reise vom Schärengarten an der Südküste bis zum Nordkap – Norwegen in Stichworten

Der Schärengarten

Vom *Oslofjord* ① im Osten bis zum *Boknafjord* bei Stavanger ② im Westen erstreckt sich die «Riviera» der Norweger, der südlichste und landschaftlich vergleichsweise «zahmste» Teil ihres Landes. Wer mit der Fähre von Kiel oder von Dänemark aus über den Skagerrak kommt, wird vielleicht verwundert sein, wie einladend sich das Land der Gletscher und Fjorde präsentiert.

Die Landschaft ist geprägt von einem weitgefächerten Schärengarten, einer Vielzahl von Inseln, zum Teil bewohnten Eilanden und kleinen Felsbuckeln, die kaum aus dem Wasser ragen. Auf einer dieser Inseln südwestlich von *Kristiansand* ③ befindet sich das «Südkap», der Leuchtturm *Lindesnes* ④. Die Entfernung von hier bis zum *Nordkap* ⑤ beträgt Luftlinie 1752 Kilometer, auf der Straße werden daraus über 2500 Kilometer!

Mit der wilden und rauhen Einsamkeit dort oben hat die Südküste allerdings wenig gemeinsam. Dicht an dicht drängen sich nur im Süden zahlreiche Ortschaften, die verbunden sind durch die Küstenstraße E 18, die Ferienstraße der Norweger. Fährt man sie entlang, so sieht man an den landschaftlich schönsten Stellen die weißen oder rostroten Sommerhäuschen auftauchen. Davor flattert an einem hohen Masten die Nationalflagge, das weiß abgesetzte blaue Kreuz auf roten Grund, als weithin sichtbares Zeichen, daß die Sommerresidenz der Städter bewohnt ist. Zum Bild gehört auch das am Steg vertäute Boot, mit dem man zum Angeln oder – in den hellen Sommernächten – zur Krabbenjagd hinausfährt.

Von einer «Riviera» erwartet man natürlich besondere Bademöglichkeiten. Der längste Sandstrand ist 900 Meter lang und zählt zu den besonderen Attraktionen des Städtchens *Mandal* ⑥ (7700 Einwohner). Badestrände finden sich an der gesamten Südküste, gesäumt von Campingplätzen, Jugendherbergen, zu mietenden Sommerhäuschen und Bootsverleihen.

Kristiansand. ③ Die größte Stadt an der Südküste ist Kristiansand mit über 60 000 Einwohnern. Sie wurde nach ihrem Gründer Christian IV. benannt, der den Ort 1641 mit streng quadratisch verlaufenden Straßen geplant hatte; diese im Renaissancestil gebaute Straßenanlage hat sich im Stadtkern bis heute erhalten. Auch ein Teil der Holzgebäude wurde nach einigen Feuersbrünsten wieder aufgebaut. Für die Hafenstadt spielte und spielt der Export von Fisch und Holz eine wichtige Rolle.

Grimstad. ⑦ In dem von einem herrlichen Schärengarten umgebenen Städtchen (14 500 Einwohner) mit seinen winkligen Gassen und dem Flair aus der Zeit der großen Segelschiffe absolvierte Henrik Ibsen von 1844 bis 1850 eine Apothekerlehre; die Einrichtung der Apotheke und sein damaliges Zimmer sind im Stadtmuseum zu besichtigen. Sechs Kilometer von Grimstad entfernt befindet sich Nørholm, ein Bauerngut, das Knut Hamsun 1920 mit dem Geld seines Nobelpreises erwarb. Es ist heute ein Museum.

Stavanger. ② Das Tor nach Westnorwegen. Am Ende der Südküste, am Anfang der langen, von Fjorden bestimmten Westküste liegt (93 000 Einwohner) die viertgrößte Stadt Norwegens, die in jüngster Zeit durch Ölbohrungen vor der Küste an wirtschaftlicher Bedeutung gewonnen hat.

Schon im Mittelalter war Stavanger für die Fischerei und den Seehandel ein wichtiger Ort und später ein Zentrum der Konservenindustrie. Der Dom aus dem 12. Jahrhundert zählt neben dem Dom in Trondheim zu Norwegens schönsten mittelalterlichen Kirchenbauten. Einige Autofähren verkehren Richtung Bergen, und es bieten sich unter anderem schöne Ausflüge in den landschaftlich eindrucksvollen Lysefjord oder in den Schärengarten an.

Die Hauptstadt am Oslofjord

Oslo. ① Norwegens Metropole ist mit 450 000 Einwohnern die größte Stadt des Landes. Der Sage nach wurde Oslo bereits im Jahre 1050 gegründet. Residenzstadt wurde Oslo aber erst 1255 durch Håkon V., der die Festung Akershus erbauen ließ. Nach einem verheerenden Brand 1624 verfügte König Christian IV. für den Wiederaufbau, daß sämtliche Häuser innerhalb der Stadtgrenze aus Stein gebaut werden sollten und nicht wie üblich aus Holz. Nach ihm wurde Oslo bis 1877 Christiania genannt, danach für kurze Zeit Kristiania. Erst 1925 bekam Oslo wieder seinen ursprünglichen Namen zurück. Die Stadtgeschichte ist im Oslo Bymuseum im Frognerparken anschaulich dargestellt.

Seit einigen Jahren bemüht man sich, Oslo das Gepräge einer europäischen Metropole zu geben; das Motto dafür lautet: «Die Stadt und der Fjord – Oslo im Jahre 2000.» Unter anderem will man den Innenstadtverkehr durch zahlreiche Tunnel unter die Erde verlegen. Beim neuen Hauptbahnhof (Sentralstasjonen) entsteht ein hypermodernes gläsernes Zentrum.

Karl Johans Gate. Aber nach wie vor ist die «gute Stube» der Stadt die Karl Johan, die Straße vom Parlament (Storting) bis zum königlichen Schloß. Edvard Munch hat sie gemalt und Henrik Ibsen dort seine täglichen Spaziergänge gemacht. Benannt worden ist die Straße nach Karl XIV. Johan, der als schwedischer König von 1818 bis 1844 über Norwegen herrschte. Der einstige Marschall und Duodezfürst von Napoleons Gnaden, Jean Baptiste Bernadotte, der 1810 schwedischer König wurde, ließ das Schloß erbauen.

Wenn vom «Löwenhügel», auf dem das Parlament thront, der Blick über Platanen und Springbrunnen, über das Nationaltheater von 1899 bis zur alten Universität mit ihrem Säulenportal aus dem Jahre 1811 schweift, wenn man schließlich hinter dem Theater und der Universität den «Schloßhügel» erblickt, auf dem die schlichte Residenz des norwegischen Königs ihren Platz hat, kann man sich durchaus zurückversetzt fühlen in frühere Zeiten.

Alljährlich am 17. Mai ist die Karl Johan Schauplatz für die Feiern zum Nationalfeiertag. Dann ziehen die Schulkinder Fähnchen schwenkend hinauf zum Schloß, um den König zu grüßen. Am 17. Mai 1814 bekam Norwegen, das seit 1380 zu Dänemark gehört hatte, eine eigene Verfassung, erhielt aber erst 1905, nach einer Union mit den Schweden, die Norwegen im Frieden von Kiel 1814 von den Dänen zugesprochen bekamen, endgültig seine nationale Selbständigkeit.

Rathaus. In der Nähe der Karl Johan befindet sich das Rathaus (Rådhuset). Vom südlichen Ausgang des Schloßparks führt die breite Roald Amundsensgate hinunter zu dem klotzigen roten Backsteinbau am Hafen Pipervika. Mit seinen zwei wuchtigen Viereckstürmen ist dieses Gebäude, das 1950 fertiggestellt wurde, ein vom Meer aus weithin sichtbares Wahrzeichen der Stadt am Ende des Oslofjordes. Hinter dem schweren eisernen Portal des Rathauses verbirgt sich die Touristeninformation, Anlaufstelle aller Ortsunkundigen; hier erhält man einen Stadtplan. Mit dem Erwerb der «Oslo-Karte» ist eine Stadtbesichtigung quasi zum Nulltarif möglich.

Jenseits der lauten E 18, deren Verkehrsstrom demnächst unterirdisch laufen soll, liegt der Hafen Pipervika. Nur kleine Fähren und einige Fischerboote, die frisch gefangene Garnelen verkaufen, legen hier an. Vom Kai 3 fährt in den Sommermonaten ein kleines Schiff hinüber zur Museumsinsel Bygdøy.

Bygdøy. Diese Insel ist das, was man als «Norwegen in einer Nußschale» bezeichnen könnte. Im Volksmuseum, einem Freilichtmuseum, hat man neben Bauernhäusern aus allen Landesteilen eine Stabkirche aus dem 11. Jahrhundert wieder aufgebaut; gegenüber sind im Museum drei aus dem Oslofjord geborgene Wikingerschiffe ausgestellt; ein Schiffahrtsmuseum dokumentiert die Geschichte der norwegischen Seefahrt anhand von Modellen. Dem Forscherdrang der Norweger sind die beiden übrigen Museen gewidmet. Im «Framhuset» wird das Polarschiff Fram gezeigt, mit dem Fridtjof Nansen unterwegs war; im «Kon-Tiki Museum» ist das Floß von Thor Heyerdal zu besichtigen, ein nach dem Vorbild der peruanischen Inkas gebautes Basafloß, mit dem er 1947 von Südamerika aus nach Polynesien gelangte. – Auf Bygdøy weiden die königlichen Pferde und es gibt einige Badeplätze.

Akershus. Einen Eindruck vom mittelalterlichen Oslo erhält man beim Besuch der Festung und dem Schloß Akershus, das Håkon V. erbauen ließ. Die Festung liegt einige Gehminuten vom Rathaus entfernt.

Akershus war während der Besetzung Norwegens durch deutsche Truppen (1940 bis 1945) Gefängnis und Hinrichtungsstätte.

Vigeland und *Munch.* Beim Rundgang durch Oslo begegnet man immer wieder den nackten Bronzefiguren von Gustav Vigeland (1863–1943). Die Stadtväter waren von der Kunst dieses Mannes derart überzeugt, daß sie ihm einen ganzen Park, den Frognerpark, für seine Skulpturen zur Verfügung stellten. Und Vigeland hat die Chance genutzt. Er gestaltete die Anlage unter dem allgemeinen Thema «Leben» mit einer großen Ansammlung überdimensionaler Figurengruppen, mit einem Brunnen, einem Monolith und einem Lebensrad. Vielleicht ist diese «pralle» Kunst nicht jedermanns Sache, aber ein Spaziergang durch den Frognerpark lohnt sich.

Wesentlich bescheidener nimmt sich das Museum aus, das die Stadt für die Bilder von Edvard Munch (1863–1944) gebaut hat. Das puritanische Osloer Bürgertum des ausgehenden 19. Jahrhunderts konnte sich gar nicht für seine Werke begeistern, und für den weltweit berühmtesten norwegischen Maler hat es sehr lange gedauert, bis er auch in seiner Heimat anerkannt wurde. Heute läßt sich kein Osloer eine der ständig wechselnden Ausstellungen entgehen. Ein paar Bilder Munchs hängen auch in der Nasjonalgalleri im Zentrum (hinter der alten Universität), in der ein Überblick über norwegische Malerei geboten wird.

Holmenkollenschanze. Die hoch über der Stadt 1892 erbaute und 1981 umgebaute weiße Betonkonstruktion ist ein Wahrzeichen der Stadt. Vom Nationaltheater aus fährt die Holmenkollenbahn hinauf in die Nordmarka, in das große Freizeitzentrum mit endlosen Wanderwegen und zahlreichen Seen im Norden der Stadt. Die eigentliche Saison findet hier oben natürlich im Winter statt, wenn die Osloer mit Kind und Kegel mit den Langlaufskiern auf den Loipen von Hütte zu Hütte spuren oder dem alljährlichen internationalen Holmenkollen-Skispringen zuschauen. Im Sommer kann man die wunderbare Aussicht über die Stadt und den Fjord auch oben von der Schanze aus genießen. Einkehren sollte man im «Frognerseren», einem aus gewaltigen, schwarzen Balken erbauten Ausflugsrestaurant mit Drachenköpfen auf dem Dach.

Die Westküste – Heimat der Wikinger

Im 8. Jahrhundert waren einige Wikingerhäuptlinge der Westküste überdrüssig, immer nur an den Fjorden und Buchten entlang zu schippern. Und als es gelang, die seetüchtigen Langschiffe zu bauen, lockte so manchen Normannen die Weite des offenen Meeres. Es fiel nicht allzu schwer, der kahlen, kargen und wenig fruchtbaren Felsenküste den Rücken zu kehren, politische Verhältnisse spielten dabei auch eine gewisse Rolle, denn der blutige Streit um Herrschaftsansprüche brachte viel Unruhe mit sich, und auf seine angestammte Freiheit verzichtete niemand gern. Gegen eventuelle böse Geister auf der Fahrt ins Unbekannte sollte der Drachenkopf am Bug schützen. Die furchtlosen Seefahrer und Eroberer plünderten Klöster in England, ließen sich in der Normandie nieder, entdeckten Island, Grönland und schließlich um das Jahr 1000 sogar Amerika. Die zufällige Laune der Winde und der Strömungen bestimmte ihren Kurs und ihr Ziel.

Fjorde. Warum es so manchem Normannen in seinem düsteren, kahlen Fjord zu eng wurde, davon bekommt man vielleicht eine Vorstellung bei einem Ausflug in den

Sognefjord ⑧, der sich über 200 Kilometer ins Land «hineinfrißt». Die Fjordwände ragen zum Teil bis zu 1500 Meter in die Höhe, bis zur Schneegrenze und den Gletschern, und manchmal dringt kein Sonnenstrahl mehr bis zum Wasser hinunter. An den Stellen, an denen die Sonne scheint und die Felsen nicht kahl sind, erweist sich die Fjordlandschaft dafür als um so anmutiger. Ein Beispiel dafür ist der

Hardangerfjord ⑨, an dessen steilen Ufern stellenweise Obstgärten angelegt sind, die im Frühjahr in herrlicher Blüte stehen. Am Hardangerfjord war es auch, wo Norwegens großer Komponist Edvard Grieg (1843–1907) einige Sommer lang in der «Komposten», der Komponistenhütte, saß und versuchte, sich durch diese Umgebung inspirieren zu lassen. – Noch ein dritter Fjord hat es geschafft, sich einen Namen zu machen, aber nicht wegen seiner Länge, sondern wegen seiner schönen Lage. Gemeint ist der in eine gewaltige norwegische Gebirgslandschaft eingebettete

Geirangerfjord. ⑩ Von den nördlichen Ausläufern des Jostedalsbreen, Norwegens größtem Gletscher, aus hat man von über 1000 Metern Höhe einen wunderbaren Blick auf die Fjordlandschaft. Von dem gleichnamigen Touristenort Geiranger aus legen Schiffe zu eindrucksvollen Fjordfahrten ab. Ein Höhepunkt der Schiffsreise sind die drei (angeblich) schönsten Wasserfälle des Landes: Im Volksmund heißen sie «Brudesløret» (der Brautschleier), «De syv Søstre»

In der Halle der Wikingerschiffe auf der Osloer Museums-Insel Bygdøy ist das 21,5 Meter lange und fünf Meter breite Osebergschiff ausgestellt.

Fortsetzung Seite 145

Eine Glas-Stahl-Konstruktion bildet den Eingangsbereich für das moderne Kultur- und Einkaufszentrum Aker Brygge (siehe auch Seite 114, oben).

Nächste Doppelseite: Blick von einem der beiden Rathaustürme auf den Oslofjord. Rechts der Westbahnhof; in der Bildmitte die modernen Gebäude von Aker Brygge; links der Hafen Pipervika.

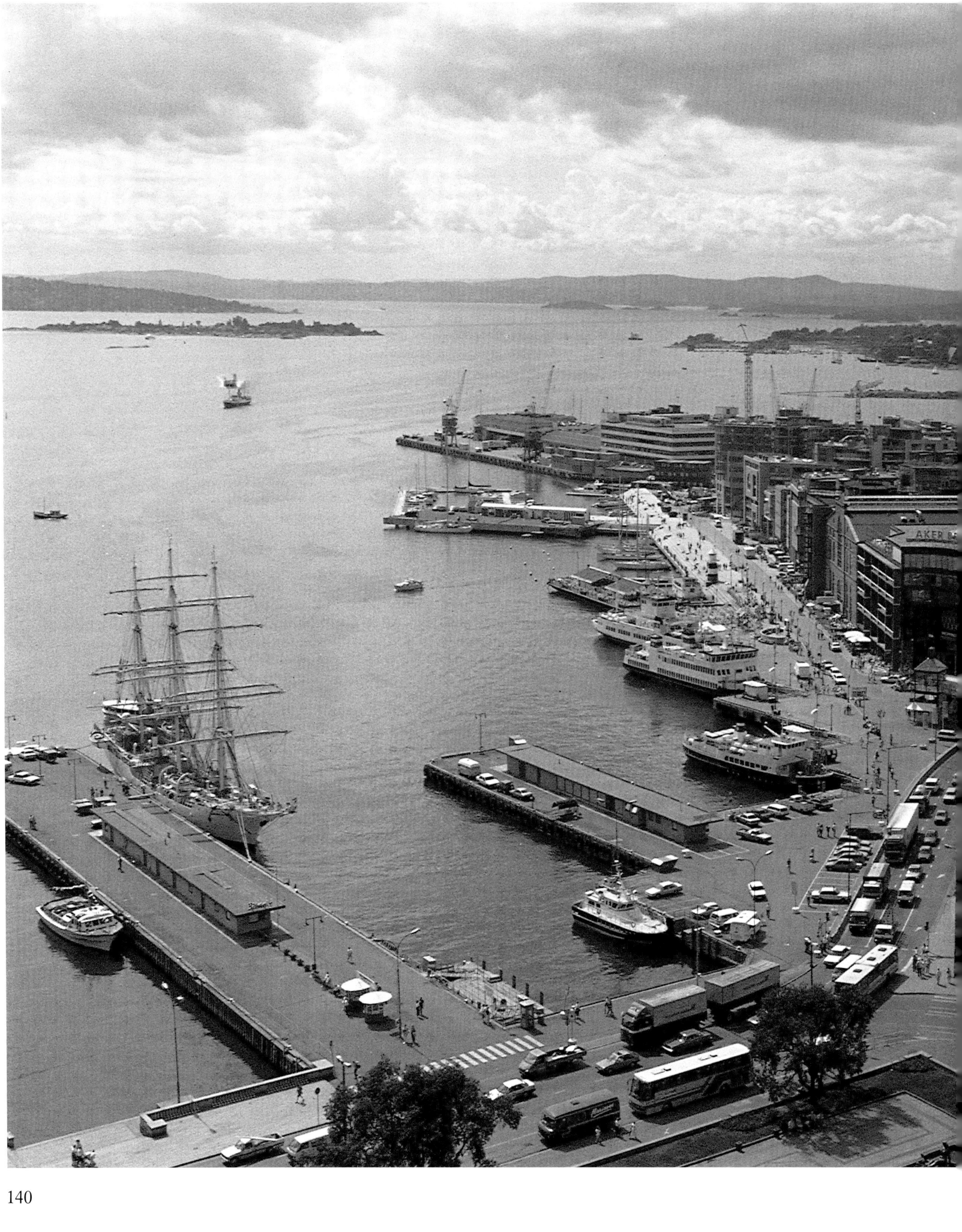
AKER

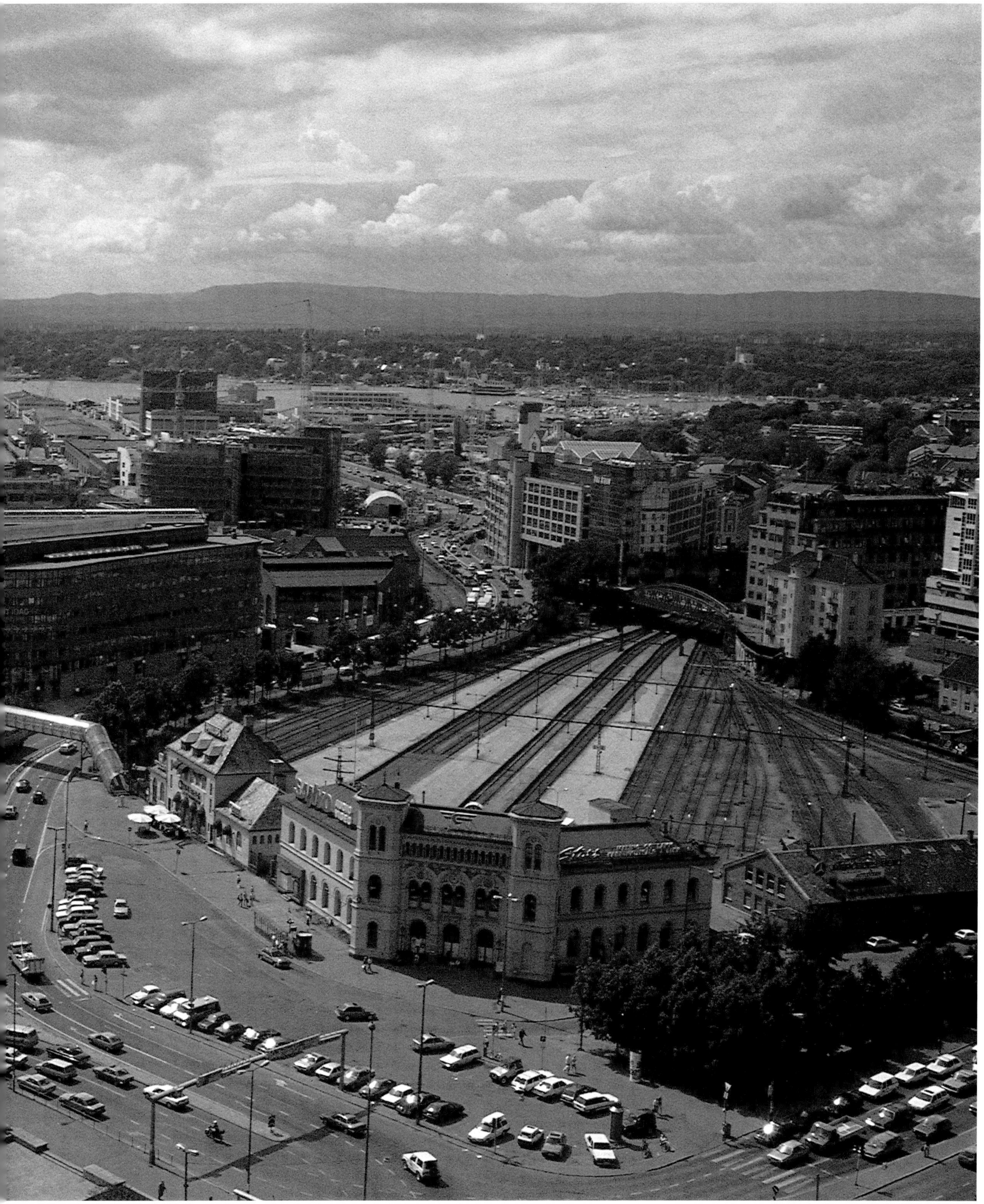

Die Festung Akershus wurde unter dem letzten König des Harald-Geschlechts um 1300 erbaut und unter König Christian IV. Anfang des 17. Jahrhunderts zu einem Renaissanceschloß umgebaut.

Das Storting – Norwegens Parlament.

Im Vordergrund das Osloer Königsschloß; links der Turm der Uranienborg Kirche und rechts oben die Holmenkollenschanze.

Norwegens nationale Schaubühne an der Stortinggata 15 widmet sich vor allem den berühmten Dichtern des Landes wie Bjørnsterne Bjørnson, Ludvig Holberg und Henrik Ibsen.

Überholen ist auf der Trollstigen bei Åndalsnes zwecklos. In elf Serpentinen mit einer Steigung von zwölf Prozent überwindet die Paßstraße nach Norddal den Fjell. Norwegens Bergwelt ist so vielgestaltig wie kaum ein anderes europäisches Gebirge: Es gibt bewaldete Höhenzüge, bizarre Felsschründe, mit ewigem Eis bedeckte Gipfel mit einer Höhe von über 2400 Metern, kahle Hügel und grüne Hochtäler.

Schwindelfreie wagen sich bis zum äußersten Rand der «Prekestolen» (Kanzel), die etwa 600 Meter senkrecht aus dem Lysefjord emporragt.

(die sieben Schwestern) und «Friaren» (die Freier). Von Geiranger aus windet sich die für ihre steilen Kurven berüchtigte «Trollstraße» hinauf in Richtung Åndalsnes.

Bergen. ⑪ Die ehemalige Hansestadt Bergen, mit etwa 200 000 Einwohnern Norwegens zweitgrößte Stadt, liegt mitten im Fjordland der Westküste. Sie ist verbunden mit sieben Fjorden und von sieben Bergen umgeben, die wahrscheinlich die Ursache dafür sind, daß es hier außergewöhnlich häufig und viel regnet. – Bergen wurde im Jahre 1070 gegründet und war von Anfang an ein Tauschplatz für Fisch aus Nordnorwegen gegen Getreide aus dem Süden. Bald wurden die Lübecker Hanse-Kaufleute auf diesen Ort aufmerksam und um 1350 richteten sie die erste Handelsniederlassung ein. Die Lübecker beherrschten daraufhin über zweihundert Jahre den gesamten Handel der Stadt. Bei einem Stadtrundgang stößt man immer wieder auf Spuren aus dieser Zeit. Auf der einen Seite des alten Hafens Vågen drängen sich eng nebeneinander die spitzgiebligen ehemaligen Hansekontore mit ihrem Geruch nach Teer und Holz. Eines davon ist als Museum hergerichtet und vermittelt einen guten Eindruck vom Kaufmannsleben im Spätmittelalter. Davon berichten ebenfalls deutsche Inschriften in der Marienkirche. Auch die dunklen Deckenbalken der Versammlungsräume der Hanse-Kaufleute, der Schotstuene, sind mit deutschen Spruchweisheiten verziert.

Trotz dieses zeitweise starken Einflusses von außen ist Bergen stets eine im Kern norwegische Stadt geblieben. So wie in Oslo kann man auch hier «Norwegen in einer Nußschale» erleben: zum Beispiel der Fischmarkt im Herzen der Stadt, am alten Hafen. Aufgereiht in Kisten liegt der frische Fang der Fischer: die glatten Leiber des Kabeljaus, zartrosafarbene Garnelen zum Sofortessen, zappelnde Krabben und Hummer.

Natürlich hat Bergen ein Seefahrtsmuseum, außerdem ein interessantes Fischereimuseum, und sehr empfehlenswert ist das Aquarium. Historisch Interessierten sei das neue «Bryggen-Museum» mit der Geschichte der Stadt im Mittelalter empfohlen. Norwegische Malerei aus dem 19. und 20. Jahrhundert ist in Rasmus-Meyers-Samlinger im Zentrum ausgestellt. Einen Ausflug wert ist das Freilichtmuseum Gamla Bergen. Hier wurden die alten Stadthäuser liebevoll restauriert, und man fühlt sich in vergangene Jahrhunderte versetzt. Etwas außerhalb, im Wald, liegt die gut erhaltene Stabkirche von Bergen, Fantoft. Ursprünglich stand die Kirche in einem kleinen Ort am Ende des Sognefjords.

Einen schönen Überblick über die Stadt erhält man, wenn man vom Fischmarkt ein paar Schritte hinüber zur Fløybanen geht und mit dem Schrägaufzug auf den Aussichtspunkt Fløyen fährt.

Berühmte Söhne der Stadt sind der Dichter und Komödienschreiber Ludvig Holberg (1684–1754) sowie der bereits erwähnte Komponist Edvard Grieg, der übrigens eine Suite zu Ehren Holbergs geschrieben hat. Holberg lebte aber vor allem im Ausland, in Kopenhagen. Grieg baute sich mit seiner Frau Nina in Bergen auf Trollhaugen, nicht weit von Fantoft entfernt, ein Haus am Fjord. Es ist heute ein Museum. Auch die Komponistenhütte am Fjord kann besichtigt werden. Für Konzerte auf Trollhaugen mit Werken von Grieg, die früher im Wohnzimmer der Villa stattfanden, hat man heute einen kleinen Konzertsaal gebaut.

Nach Bergen gelangt man an der Westküste entlang mit dem Fährschiff, auch mit dem Auto muß man zweimal die Fähre nehmen, nur die Eisenbahn über die Hardangervidda umfährt sämtliche Fjorde. Von Bergen aus startet die Hurtigrute, das Postschiff, das in zwölf Tagen am Nordkap vorbei bis Kirkenes an der russischen Grenze fährt.

Ålesund. ⑫ Die Stadt an Norwegens Westkap (35 000 Einwohner) liegt weit draußen an der Küste auf mehreren mit Brücken verbundenen Inseln. Im Hafen liegen die Walfangboote mit ihren kano-

Liebliches Fjordland. Die Siedlung Olsnes auf einer Halbinsel in einem Nebenarm des Sognefjords in der Nähe von Sogndal.

nenähnlichen Harpunen vertäut. Bei einem Spaziergang auf der Hauptinsel entdeckt man Jugendstilhäuser mit ihren zarten Verzierungen, die so gar nicht hierher zu passen scheinen. Gebaut wurden diese Häuser nach einem Stadtbrand 1904 mit Unterstützung des Auslands, einer der Geldgeber war auch Kaiser Wilhelm II. Einen sehr schönen Blick über die Inselstadt Ålesund bekommt man vom Berg Aksla aus.

Molde. ⑬ Diese kleine Stadt nordöstlich von Ålesund wird auch die «Stadt der Rosen» genannt. Es mag überraschen, daß am 62. Breitengrad Rosen blühen und Kastanien, Linden, Eschen und Blutbuchen wachsen. Hier macht sich der für das Klima der Westküste bestimmende Golfstrom auf ganz besondere Weise bemerkbar. Ein großes Ereignis in Molde ist das alljährliche Jazzfestival im August. In der Rosenstadt wuchs, nachdem die Familie aus Østerdalen nach Romsdal übersiedelt war, der berühmte Dichter und Nobelpreisträger Bjørnstjerne Bjørnson auf.

Mittelnorwegen – Fjell und Vidda

Fjord und Fjell (das norwegische Gebirge), diese beiden charakteristischen Landschaftsformen Norwegens, gehören zusammen; so hoch wie die Gebirge sich auftürmen, so tief sind die Fjorde. An der Küste sieht alles noch verhältnismäßig flach aus, aber rasch beginnt sich der Fjell bemerkbar zu machen und steigt im Landesinneren von Meereshöhe bis zu 2000 Meter an. So geht der Hardangerfjord über in die Hardangervidda, ein gebirgiges Hochplateau mit einer mittleren Höhe von 1300 Metern (Hardangerjøkul 1876 Meter). Der Sognefjord wiederum stößt an die Ausläufer des Jostedalsbreen, Norwegens größtem Gletscher und Teil des Gebirges Jotunheimen.

Erdgeschichtlich betrachtet sind Fjord und Fjell gleichzeitig entstanden, bei einer Landhebung im Erdzeitalter des Silur. Dazu kam die Wirkung der Eiszeit: Die gewaltigen Eismassen, die Norwegen bedeckten, schmolzen langsam, fraßen einerseits tiefe Rinnen (die Fjorde) und gleichzeitig setzte sich durch den nachlassenden Druck die Landhebung fort, ein Prozeß, der bis heute nicht abgeschlossen ist.

Telemark. ⑭ Das norwegische Gebirge beginnt in Südnorwegen, gleich im Anschluß an die norwegische Riviera, erreicht mit dem «Gausta» eine Höhe von 1883 Metern und geht im Norden in die Hardangervidda über. Dieses südlichste Fjell-Land trägt den Namen Telemark, international bekannt geworden bei den skifahrenden Nationen durch den Telemark-Schwung und die Telemark-Bindung. Denn in der Telemark, im kleinen Dorf Morgedal stand die Wiege des modernen Skilaufs. Wie dieser Anfang aussah, zeigt ein Skimuseum.

Einen guten Einblick in die Eigenart dieses Landesteils vermittelt auch das Volksmuseum der Telemark, eine Freilichtanlage mit graswachsenen Häusern und schönen Bauernstuben. Dieses Museum liegt in Skien, der «Stadt der Holzsägen», wie Henrik Ibsen diesen Ort, in dem er am 20. März 1828 geboren wurde, genannt hat. Skien bildet für das Holz das Bindeglied zwischen Meer und Gebirge, hierher kommt das geschlagene Holz auf den zahlreichen Wasseradern aus den Wäldern der Telemark, hier wird es verarbeitet und verschifft. Einen nachhaltigen Eindruck von der ursprünglichen Natur der Telemark bekommt man durch eine Schiffsreise auf dem für das Flößen des Holzes gedachten Bandakkanal. Im 19. Jahrhundert hat man durch Kanäle und Schleusen einen Wasserweg ins Gebirge geschaffen. Zehn Stunden dauert diese Fahrt mit einem alten Dampfer von Skien bis zu dem einsamen Dorf Dalen: Man fährt über mehrere fjordähnliche Seen, von Bergen überschattet, gleitet vorbei an endlosen Wäldern und erblickt ab und zu ein Gehöft und ein paar Schafe.

Vom Jostedalsbreen aus erreicht man Richtung Süden auf der Landstraße Nr. 55 Sogndal, das kleine Handelszentrum dieser Fjordlandregion.

Hardangervidda. ⑨ Vidda heißt Hochebene und bezeichnet den speziellen Landschaftscharakter des Gebirges. Bis Juni liegt hier Schnee und die Eisenbahn nach Bergen wird bei der Überquerung der Hardangervidda durch zahlreiche Holztunnel vor Schneeverwehungen geschützt. Finse, der höchste Bahnhof, liegt auf 1222 Meter Höhe. Von hier aus erschließt sich dem Wanderer auf langen Tagesmärschen von Hütte zu Hütte die großartige Landschaft der Vidda. Fünf Tage dauert eine Tour bis nach Aurland an den Ausläufern des Sognefjords. Dort erwartet den müden Wanderer das Fährschiff und eine herrliche Fahrt durch eine gewaltige Fjordlandschaft bis nach Bergen.

Jotunheimen. ⑮ Nordische Legenden berichten davon, daß in Jotunheimen gefährliche Riesen hausten, mit denen die Götter immer wieder ihre Auseinandersetzungen hatten. Dieses Gebirge umfaßt den größten Gletscher des Landes, den bereits erwähnten Jostedalsbreen, dazu etwa 250 Gipfel, die sich über 2000 Meter erheben, darunter Galdhøpiggen (2469 Meter) und Glittertinden (2452 Meter), die beiden höchsten Berge Norwegens.

Im vorigen Jahrhundert begann die Erschließung dieses Reiches der Riesen für Touristen und Wanderer. Auf markierten Wegen sind viele der Gipfel erreichbar, überall gibt es Hütten und Unterkünfte, in denen man sich von den keineswegs harmlosen Touren erholen kann. Der Komponist Edvard Grieg wanderte gern in Jotunheimen, die extreme Weite und Größe dieser wilden Berg- und Gletscherlandschaft faszinierte ihn.

Gudbrandsdal. ⑮ Den östlichen Abschluß von Jotunheimen bildet das Gudbrandsdal, ein weites und fruchtbares Flußtal. An den sanften Hängen stehen gepflegte Bauerngehöfte, die dunklen, schwarzen Gebäude sind mit Schnitzereien verziert und besonders das Stabbur, das auf Holzpfählen stehende Vorratshaus, soll den Reichtum des Bauern zeigen. Auf den Wiesen grasen Pferde und Kühe und alles deutet auf einen im übrigen Norwegen nur selten zu findenden bäuerlichen Wohlstand hin. Am Beginn dieses Tales liegt *Lillehammer*, ein Handelsstädtchen, das 1813 an der Nordspitze des Mjøsa-Sees gegründet wurde. Einst war die Dampfschiffahrt auf dem Mjøsa wirtschaftlich von großer Bedeutung für das Leben Lillehammers, heute fährt der Raddampfer nur noch als Touristenattraktion von der alten Bischofsstadt Hamar nach Lillehammer. Der Wasserweg wurde ersetzt durch die E 6 und die Eisenbahnlinie «Dovrebane», beide Verkehrsadern führen durch das Gudbrandsdal nach Trondheim ⑰.

In Lillehammer befindet sich ein ausgezeichnetes Freilichtmuseum über die Bauernkultur des Gudbrandsdal. Alte Höfe und eine Stabkirche aus dem Jahre 1200 wurden an ihrem alten Standort abgerissen und hier wieder neu aufgebaut. Außerdem sind Werkstätten zu besichtigen, die das traditionelle Handwerk Norwegens zeigen.

Der berühmteste Sohn aus dem Gudbrandsdal ist der Jäger und Leichtfuß Peer Gynt. Im norwegischen Märchen erschlägt er furchtlos die Trolle; an der harten Bauernarbeit soll er jedoch wenig Interesse gezeigt haben. Heimatort dieser legendären Gestalt ist das Dorf Vinstra, dort steht der große Peer-Gynt-Hof und von dort führt abseits der E 6 eine ruhige Mautstraße, der Peer-Gynt-Seterweg nach Kvam.

Ostnorwegen – und «ewig singen die Wälder»

Bescheidener als das weite und reiche Gudbrandsdal nimmt sich Østerdalen aus, das Osttal, durch das Norwegens längster Fluß, die Glomma (611 km), fließt. Das Land ist flacher, es gibt keinen Fjell, endlos scheinen sich die Wälder – bis weit nach Schweden hinein –

Der Nidaros-Dom in Trondheim – er ist 50 Meter breit und 102 Meter lang – zählt zu den bedeutendsten Sakralbauten Skandinaviens (siehe auch Seite 49).

zu erstrecken. Der südlichste Teil dieses Waldgebietes heißt «Finnskogen». Dort siedelten in früheren Jahrhunderten auch Finnen, die sich hier fast wie zu Hause fühlten, da die Landschaft der finnischen sehr ähnlich ist.

In Ostnorwegen sagen sich nicht nur Fuchs und Hase gute Nacht, sondern auch Luchs und Wolf. Einst gab es hier sogar Bären, wie man aus dem großen Bauernepos von Trygve Gulbranssen über die «ewig singenden Wälder» weiß.

Hamar. ⑮ Das freundliche Städtchen hat etwa 16 000 Einwohner und liegt an der Ostseite des Mjøsasees. Hier zweigt die Ostroute der Eisenbahnlinie nach Trondheim ab, die Rørosbahn. Bei Hamar kann man mit dem Auto die E 6 verlassen und auf Schleichwegen über die Reichsstraße N 3 weiter nordwärts fahren. Diese Route empfiehlt sich auch bei einer Norwegen-Radtour.

Im Mittelalter war die Bischofsstadt Hamar ein wichtiges Handelszentrum. Von dieser Zeit zeugen die steinernen Reste des Doms aus dem Jahre 1153 auf der Halbinsel im Mjøsasee. Ebenfalls auf der Halbinsel befindet sich ein hedemarkisches Bauern-Freilichtmuseum.

Røros. ⑯ Als eine Attraktion besonderer Art gilt die Grubenstadt Røros (5500 Einwohner) im Østerdal. Hier herrscht ein ganz anderes Klima als in der lieblichen Stadt Hamar. Die Stadt liegt etwa 700 Meter über dem Meeresspiegel, und über die ausgedehnte Rørosvidda, eine kahle Hochebene auf über 1000 Meter, weht ein rauher Wind. Im 17. Jahrhundert begann man bei Røros Kupfer abzubauen, die letzte Grube wurde erst 1977 geschlossen. Sicher ist es auf diese Bergbautradition und die abgelegene Lage zurückzuführen, daß in Røros die Zeit stehengeblieben zu sein scheint. Man fühlt sich um mindestens ein Jahrhundert zurückversetzt; es ist beinahe wie in einem Museum: wenig Autoverkehr; die alte Grubenglocke hängt in ihrem Gestell als würde sie jeden Tag noch geläutet; die niedrigen, dunklen Holzhäuser der Bergleute aus dem vorigen Jahrhundert sind unverändert; die Förderanlagen sind fast alle noch erhalten, ebenso wie die große Holzkirche von 1784. So eignete sich diese Stadt sehr gut als Kulisse für Verfilmungen einiger Schauspiele Henrik Ibsens. Für den Film «Ann Magritt» nach dem gleichnamigen Roman des bei Røros geborenen Schriftstellers Johan Falkberget konnte man an den Originalschauplätzen des Romans drehen. Inzwischen wurde Røros von der UNESCO in die Liste der erhaltungswürdigen Kulturdenkmäler der Welt aufgenommen.

Femundmarka. ⑯ Das Wander- und Freizeitgebiet östlich und südöstlich von Røros um den Femundsee gilt es noch zu entdecken. Dieser See, an den sich zahlreiche Flußläufe und andere Gewässer anschließen, ist ein Paradies für Kanuwanderer und Angler. Gute Karten und Tips hält das Touristenbüro von Røros für den Feriengast bereit.

Trondheim. ⑰ Die alte Bischofsstadt ist mit 135 000 Einwohnern Norwegens drittgrößte Stadt. Sie liegt an der E 6, die beiden Eisenbahnlinien von Oslo (über Dombås bzw. über Røros) laufen hier zusammen, und ab Trondheim wird das Land schmal und eng, zum «Nor-wegen», zum Weg nach Norden.

Der Sage nach wurde die Stadt im Jahre 970 von dem Wikingerhäuptling Olav Tryggvason gegründet. Er ließ an der Mündung der Nida eine Königsburg bauen und machte die Stadt, die zu dieser Zeit wegen ihrer Lage am Fluß Nidaros hieß, zur Residenz. Nachfolger Olav Tryggvasons war Olav Haraldsson, der sich in der Normandie hatte taufen lassen. Er trug wesentlich zur Christianisierung Norwegens bei und wurde nach seinem gewaltsamen Tod 1030 zum Märtyrer und Heiligen. Ihm zu Ehren wurde der Nidaros-Dom gebaut, das größte mittelalterliche Bauwerk des Nordens. Viele Könige und

Die 1784 errichtete Holzkirche der denkmalgeschützten Bergbaustadt Røros. Die Stadt wurde in die UNESCO World Heritage List der schützenswertesten Denkmäler der Welt aufgenommen.

Königinnen sind hier gekrönt und später beigesetzt worden. Auch die Erzbischöfe wurden in dem gewaltigen, 1320 fertiggestellten Steingebäude begraben. Bis zur Reformation war Trondheim (bzw. Nidaros) das geistige Zentrum des Landes.

Der Dom liegt an einen Ende der Munksgatan, der Hauptstraße. Von dort gelangt man über den Marktplatz (Torget), in dessen Mitte auf hoher Säule Olav Tryggvason steht, zum lebhaften Fischmarkt Ravnkroa am Hafen. Von hier aus verkehren Fährboote zur Insel Munkholmen, auf der sich im Mittelalter ein Kloster befand, im 17. Jahrhundert ein Gefängnis und dann eine Festungsanlage. Heute gibt es hier ein Seebad.

An der Munksgata liegt Stiftsgården, das größte Holzgebäude des Nordens, im 18. Jahrhundert erbaut und zeitweise auch von den Königen bewohnt. Eine weitere Sehenswürdigkeit ist das Volksmuseum, das etwas außerhalb der Stadt liegt. Als kleine Besonderheit sei das musikhistorische Museum erwähnt; hier gibt es je ein Mozart, Beethoven, Chopin und Tschaikowski gewidmetes Zimmer.

Von der Kristiansten festning, einer Festung aus dem 17. Jahrhundert, hat man einen schönen Blick über die Stadt und den Trondheimsfjord.

Jenseits des Polarkreises

Eine Landkarte von Norwegen – ohne Schweden und Finnland – bietet einen merkwürdigen Anblick. Ein dicker Kopf mit einem langen Schwanz. Um dieses Gebilde besser zeigen zu können, wird es zum Beispiel bei der Wetterkarte im Fernsehen zweigeteilt: rechts der dicke Kopf Südnorwegens und links das schmale Nordnorwegen. Es sieht fast so aus, als seien es zwei verschiedene Länder, und man kann auch eine Reihe von grundlegenden Unterschieden feststellen. Bereits rein geographisch ist klar, daß der Norden ein rauheres Klima und extremere Lebensbedingungen aufweist als der Süden. Entsprechend dünner ist die Besiedelung. Bei 66,5° nördlicher Breite verläuft der Polarkreis. Man passiert die Polarkreissäule, wenn man das Saltfjell auf der E 6 überquert oder, mit der Nordlandbahn, kurz vor dem Bahnhof Stødi.

In Nordnorwegen scheint die Sonne im Sommer Tag und Nacht, aber während der übrigen Zeit des Jahres verschwindet sie fast völlig.

Bodø ⑱, an der Mündung des Saltfjordes, ist die zweitgrößte Stadt Nordnorwegens (33 773 Einwohner). Das Stadtwappen zeigt die Mitternachtssonne auf rotem Feld, welche in Bodø jedes Jahr einen Monat lang (von Anfang Juli bis in den August) ohne Unterbrechung scheint.

Seit 1962 ist Bodø auch mit der Eisenbahn zu erreichen, zweimal täglich kommen Züge aus dem 742 Kilometer entfernten Trondheim ⑰ zu diesem letzten Bahnhof im Norden. Die Weiterreise kann mit dem «Nord-Norge-Bussen» erfolgen, der von Fauske startet und bis Kirkenes an der russischen Grenze fährt (1323 km). Wer zum Nordkap ⑤ will, hat noch 900 Kilometer zurückzulegen. Eine Alternative zum Bus bietet das Postschiff, die berühmte Hurtigrute, von Bodø aus.

Hauptattraktion Bodøs ist, wie fast bei allen Städten Nordnorwegens, die Natur: ein hoher Himmel, der Kontrast zwischen dem rauhen Meer und schneebedeckten Bergen, die klare Luft und die Illumination der Landschaft durch die unvergleichliche Mitternachtssonne.

Vogelliebhaber sollten eine Fahrt zur Vogelinsel Røst, der südlichsten Insel der Lofoten ⑲, unternehmen; und Angelfreunde können im Saltstraumen, in der stärksten Gezeitenströmung der Welt, unter abenteuerlichen Bedingungen Lachse fischen. In der Stadt ist das Nordlandmuseum sehenswert – und wie könnte es auch anders sein, besonders die Fischereiabteilung.

Lofoten. ⑲ Etwa 200 Kilometer lang ist die von Bodø etwa fünf Stunden mit dem Schiff entfernte Inselkette der Lofoten. Sie trotzt als gewaltige Urgesteinbarriere dem stürmischen Nordmeer. Vom Meeresspiegel bis über 1000 Meter Höhe erheben sich die Berge auf den Lofoten; weiß leuchten ihre mit Schnee und Eis bedeckten Gipfel. Nur während des kurzen Nordlandsommers, wenn die Mitternachtssonne die kargen, felsigen Inseln verwöhnt und das golfstromerwärmte Meer Badetemperatur erreicht, zeigen sich die Lofoten von ihrer freundlicheren Seite. Doch schon Anfang September, wenn die Herbststürme mit erstem Schnee einsetzen, offenbaren sich die extremen Lebensbedingungen auf diesen Inseln.

Die Lofoten haben aber ihre eigentliche Hauptsaison nicht im Sommer, wenn die Touristen kommen, sondern im Winter, wenn der Kabeljau kommt. Bereits im Mittelalter wußte man, daß jeweils von Januar bis April riesige Fischschwärme in den engen Fjordarmen zwischen den Inseln auftauchen, um zu laichen. Die Fische kommen aus der Barents-See zu diesem Laichplatz. Der reiche Fang geht weit über den persönlichen Bedarf hinaus. Im Mittelalter war der Fisch ein wichtiges Tauschmittel, um sich unter anderem Getreide zu besorgen. Die bereits erwähnten Lübecker Hanse-Kaufleute in Bergen machten mit dem norwegischen Fisch glänzende Geschäfte, der «Stokfisk» war eine beliebte Fastenspeise. Die Bezeichnung «Stokfisk» oder «Stockfisch» hat mit der Art, wie man die Fische für den Transport konservierte, zu tun. Die Tiere werden geköpft und an den Schwänzen zusammengebunden auf hölzerne Gestelle gehängt, um an der Luft zu trocknen. Diese Art der Konservierung wird immer noch angewandt. Den Stockfisch exportiert man inzwischen auch nach Afrika.

Im 19. Jahrhundert waren am alljährlichen «Lofotfang» bis zu 30 000 Fischer beteiligt, heute sind es noch etwa 4000 Mann. Die Fangmenge ist starken Schwankungen unterworfen und reicht von 20 000 Tonnen bis zu dem 1947 erzielten Rekordergebnis von 140 000 Tonnen.

Neben dem Fischfang und der Fischverarbeitung spielt auf den Lofoten auch die Schafzucht eine wichtige wirtschaftliche Rolle, und überall an den Berghängen sieht man geduldige Wolltiere grasen. Ackerbau ist nur im geringen Umfang möglich.

Zum Lofotfang kommen Fischer von der gesamten norwegischen Westküste – früher mit einfachen Holzbooten, heute selbstverständlich mit hochmodernen Trawlern. Einer der vielen Fischerorte auf den Lofoten, wo die Fangflotten seit alters her vor Anker gehen, ist das 600-Seelen-Dorf
Henningsvaer. Auf ein paar kahlen Inseln, die durch Molen miteinander verbunden sind, befindet sich der geschützte Hafen. Auf glatten Felsen stehen die Holzgestelle zum Trocknen der Fische und dicht daneben die «Rorbuer», die typischen Fischerhütten der Lofoten, die einst für die Bootsbesatzungen, die von weither kamen und für die gesamte Fangzeit eine Unterkunft benötigten, gebaut wurden. Die ersten dieser Hütten hatte bereits König Øystein Magnusson im Jahre 1100 errichten lassen. Wie das einfache Leben in so einem Rorbu ausgesehen hat, schildert sehr anschaulich Johan Bojer in seinem Roman «Die Lofotfischer» (1921). Heute bleiben die am Lofotfang beteiligten Fischer auf ihren Trawlern, und die Rorbuer werden – samt Boot und Angelausrüstung – an Touristen vermietet. Ausgestattet mit Elektroheizung, Dusche und Kochgelegenheit wird überall auf den Lofoten die Möglichkeit des sogenannten «Rorbu-Camping» angeboten. Unverändert seit Jahrhunderten ist der Geruch von Teer und Fisch, der sich unauslöschlich im Holz der Rorbuer festgesetzt hat.

Früher war Henningsvaer, wie die meisten Fischerorte der Lofoten, nur mit dem Schiff bzw. mit dem Fährboot zu erreichen. Inzwischen wurden viele Lofoteninseln mit Brücken verbunden. Eine solche Verbindung zur großen Nachbarinsel Vestvagøy hat Henningsvaer seit 1983.
Svolvaer. 4000 Menschen leben in der «Hauptstadt» der Lofoten; sie hat den größten Fischereihafen und ist ein wichtiges Handelszentrum für die nordnorwegische Küste. Der Ort liegt sehr idyllisch auf einigen Inseln und Halbinseln, eingerahmt von einer imposanten Gebirgskulisse. Dieser landschaftliche Reiz lockt in jüngster Zeit immer mehr Künstler nach Svolvaer; es hat sich eine regelrechte Künstlerkolonie gebildet. Das Städtchen eignet sich auch als Ausgangspunkt für eine Lofotenerkundung. Von Svolvaer aus kommen Kletterer schnell in die Berge, und mit dem Boot ist man in kurzer Zeit im wildromantischen Trollfjord mit seinen senkrechten Felswänden. In Svolvaer legen auch die Schiffe der Hurtigrute an, und es gibt Fährverbindungen nach Skutvik (Autofähre) und Narvik.

Narvik. ⑳ Die Erzhafenstadt (19 000 Einwohner) liegt sehr malerisch auf dem Festland am Ofotfjord, von der nahegelegenen schwedischen Grenze nur durch hohe Berge getrennt. Über diese Berge hat eine britisch-schwedische Gesellschaft Ende des vorigen Jahrhunderts eine Bahnlinie gebaut, um das schwedische Erz aus Kiruna in den eisfreien Hafen von Narvik befördern zu können. Narvik hat die größte Erzverschiffungsanlage der Welt. Sie ist vollautomatisch und kann Schiffe bis zu 350 000 Tonnen beladen; die Jahreskapazität beträgt 28 Millionen Tonnen. Die schwedische Erzausbeute ist aber seit einigen Jahren rückläufig.

Deutsche und englische Truppen lieferten sich 1940 heftige Kämpfe um den strategisch wichtigen Hafen von Narvik. Die Stadt ist damals sehr stark zerstört worden. Daran erinnern das Kriegsmuseum im Ortszentrum und ein Soldatenfriedhof.

Von Tromsø zum Nordkap

Tromsø. ㉑ Die Inselstadt Tromsø (47 000 Einwohner) gilt als die Hauptstadt Nordnorwegens. Während des Zweiten Weltkriegs war Tromsø für kurze Zeit Landeshauptstadt, als König und Regierung auf ihrem Weg ins Londoner Exil hier Station machen mußten.

Die Eismeerkathedrale ist das Wahrzeichen Tromsøs.

Holzhäuser und moderne Betonbauten stehen in der etwa 40 000 Einwohner zählenden Universitätsstadt Tromsø nebeneinander. Tromsø ist der Fläche nach Norwegens größte Stadt (2520 Quadratkilometer). Über 15 000 Studenten studieren an der nördlichsten Universität der Welt.

Nächste Doppelseite: Lohnenswert ist eine Bootsfahrt entlang des Reinefjords auf der Lofoten-Insel Moskenesøya.

Die sogenannte «Eismeerkathedrale», ein durch seine kühne Architektur auffallendes Gotteshaus, ist das moderne Wahrzeichen der Stadt. Das gewaltige Spitzzelt aus Beton – die Frontseite besteht aus einer 23 Meter hohen Glasmalerei, die die Wiederkunft Christi darstellt – symbolisiert die lange Dunkelheit im Winter und das Nordlicht. Man kann sich gut vorstellen, daß dieses Bauwerk während trostloser Polarnächte wie ein kleiner Hoffnungsschimmer auf «hellere» Zeiten wirkt. Zum Ausgleich scheint in Tromsø die Mitternachtssonne immerhin drei Monate, und auf dem kleinen Markt werden frische Nordlanderdbeeren angeboten.

Die Eismeerkathedrale steht am Beginn der Tromsø-Brücke, die sich in einer Länge von mehr als einem Kilometer über den Tromsøysund spannt. Unter der Brücke wimmelt es von Booten, Trawlern, Fischkuttern und lokalen Fährschiffen. Auch die Hurtigrute läuft Tromsø an und bis zum Bau der Brücke 1960 fuhr auf dem Sund auch die Stadtfähre. Der Wasserweg war die einzige Verbindung der Stadt mit dem Festland. Und für das Flugzeug, heute unentbehrliches Verkehrsmittel in Nordnorwegen, wurde erst 1964 eine Landebahn gebaut.

Die Gründung Tromsøs fällt in die Zeit der Christianisierung. Eine Papstbulle aus dem Jahre 1308 ordnete den Bau einer «Kirche der heiligen Maria im Heidenland» an. Mit «Heiden» waren die Lappen und Finnen mit ihrem Naturglauben gemeint. Lange Zeit war Tromsø nicht viel mehr als die Kirche und ein Marktplatz, wo sich die Fischer und Bauern aus den umliegenden Dörfern und Weilern regelmäßig versammelten, um zu beten und zu handeln. Die wenigen Kaufleute hier oben bezogen ihre Waren selten aus Südnorwegen, die Geschäfte liefen besser mit dem nähergelegenen Rußland, und so kamen vom Weißen Meer Getreide und andere Nahrungsmittel im Austausch gegen Fisch und Tran.

Der entscheidende wirtschaftliche Aufschwung der Stadt begann im 19. Jahrhundert. Damals entdeckte man das Nördliche Eismeer als Jagdgebiet für Robben und Eisbären, und die Harpunenkanone, die den Walfang wesentlich erleichterte, wurde erfunden.

Um die Jahrhundertwende starteten von Tromsø, dem «Tor zum Eismeer», aus verschiedene Expeditionen in die Arktis. Dem Polarforscher Roald Amundsen (1872–1928) hat man am Hafen ein Denkmal errichtet. Bei seinem Versuch, von Tromsø aus den bei Spitzbergen verunglückten italienischen Kollegen Umberto Nobile zu retten, kam Amundsen ums Leben.

Svalbard. Für Ausflüge nach Spitzbergen oder Svalbard, wie die norwegischen Inseln im Eismeer auch heißen, ist Tromsø der Ausgangspunkt. Es gibt eine Flug- und eine Schiffsverbindung zur norwegischen Kohlesiedlung Longyearbyen am Adventsfjord, dem einzigen Ort Norwegens, an dem Kohle gefördert wird. Die kahlen, von Eisschollen umgebenen Inseln, diese imposante Naturkulisse, ist sicherlich eine der Hauptattraktionen einer Nordlandfahrt.

Hammerfest. ㉒ In der nördlichsten Stadt der Welt, sie liegt etwa auf gleicher Höhe wie die Nordküste Alaskas, leben 7200 Menschen. Die Temperaturen fallen im Winter aber selten unter –4° Celsius; der Golfstrom macht's möglich. Der Eisbär im Stadtwappen hat also nichts mit sibirischer Kälte zu tun, sondern die Eisbärenjagd war einst eine wichtige Einnahmequelle für die Bewohner im äußersten Norden Norwegens.

Bis zum Ende des 17. Jahrhunderts war Hammerfest ein kleines Fischernest. Der Aufschwung kam, als der Handel mit Rußland begann, der sogenannte Pomorhandel: Russisches Getreide wurde gegen norwegischen Fisch getauscht. Diese Geschäfte kamen mit der russischen Revolution 1917 zum Erliegen. Ebenso wie in Tromsø spielte die Eismeerfischerei (Robben und Wale) eine sehr wichtige wirtschaftliche Rolle für den Wohlstand der Stadt im hohen Norden.

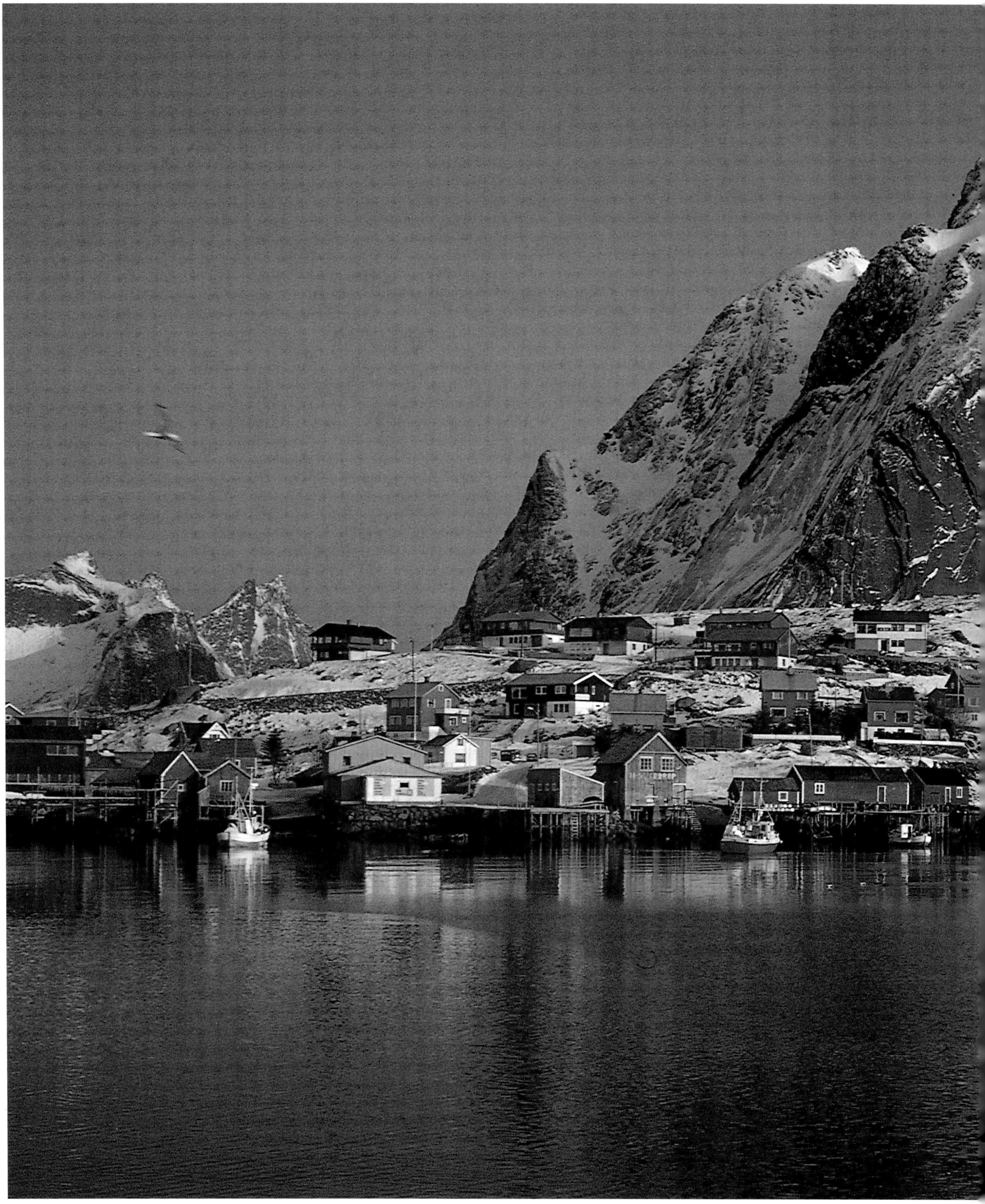

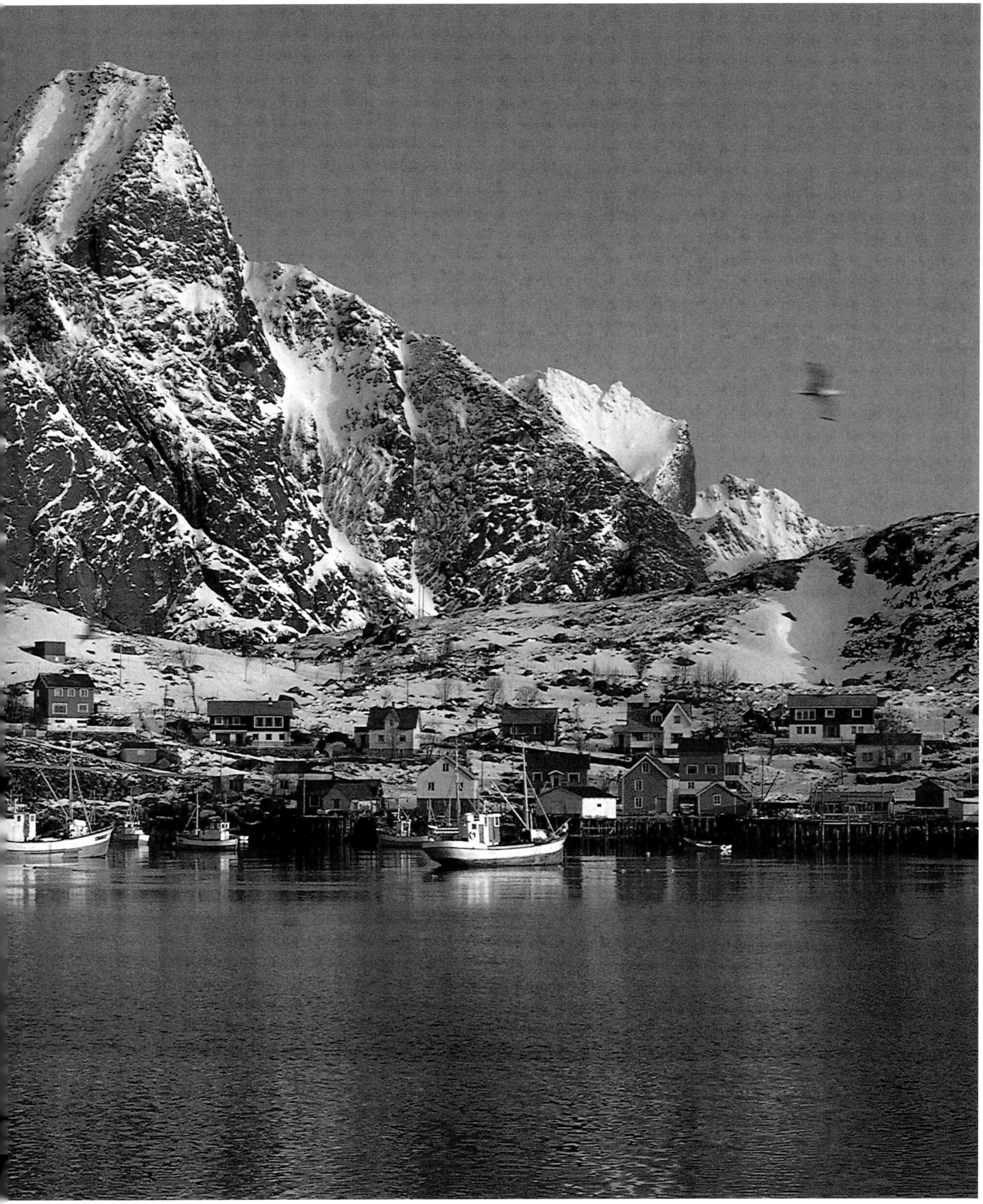

In der dünnbesiedelten Finnmarksvidda, einer Hügellandschaft im Nordosten Norwegens, liegt das Samendorf Kautokeino.

1890 fiel Hammerfest fast völlig einer Feuersbrunst zum Opfer. Im Zuge des Wiederaufbaus bekam die Stadt als erste des Landes eine elektrische Straßenbeleuchtung. Während der fast dreimonatigen winterlichen Dunkelheit brennen die Lampen ununterbrochen und bringen wenigstens ein bißchen Helligkeit in die finstere Polarnacht.

Noch ein zweites Mal wurde Hammerfest vollkommen zerstört: beim Rückzug der deutschen Besatzungstruppen 1945. Nach dem Krieg wurde Hammerfest wiederaufgebaut und ist heute ein kleines modernes Städtchen, das auch von der Hurtigrute angelaufen wird. Größter Arbeitgeber ist die Findus-Filetfabrik mit etwa 1000 Beschäftigten.

Das Nordkap. ⑤ Lang ist der Weg zum gewaltigen, jäh ins Meer abfallenden Felsklotz an der äußersten nördlichen Festlandsspitze Europas. Und dann liegt vor einem nur noch das endlose Meer, bis zum Horizont im rötlichen Glanz der Mitternachtssonne. Falls das Wetter mitmacht! 1898 hat man ein achteckiges Holzgebäude, den sogenannten «Champagnerpavillon» errichtet, weil der Aufenthalt im Freien bei Regen und stürmischem Wetter oft unmöglich ist. Doch der Bau erregte den Zorn des Wettergottes, und eines Tages war er in der Tiefe verschwunden.

Bis vor kurzem konnte man von stabilen Steingebäuden aus einen Blick auf das Ende der Welt werfen, aber im Zuge der touristischen Erschließung des Nordkaps wurden das Restaurant, die Souvenirläden und der Aussichtspunkt unter die Erde verlegt. Sicher vor den Naturgewalten erlebt man heute das «Ende der Welt» bei jedem Wetter durch ein 80 Quadratmeter großes, in den Felsen gesprengtes Panoramafenster.

Kirkenes. ㉓ Am Ende der E 6, die übrigens in Rom beginnt, liegt 2537 Kilometer von Oslo entfernt, unmittelbar an der Grenze zur Sowjetunion, die Grubenstadt Kirkenes (3800 Einwohner). Seit 1906 wird hier Erz gefördert und verschifft. Während des Zweiten Weltkriegs wurde die Stadt von der russischen Luftwaffe bombardiert und von den deutschen Truppen schließlich dem Erdboden gleichgemacht. Über zweitausend Menschen suchten damals in den Grubenschächten Zuflucht. Wie Hammerfest, so hat man auch Kirkenes nach dem Krieg wieder aufgebaut; nach wie vor wird von hier Erz verschifft.

Die Finnmark – Land der Samen

Lange bevor die Norweger sich zu einem Staat zusammenschlossen, haben sich die Lappen – oder Samen, wie sich dieser Volksstamm selber nennt – im nördlichsten Teil Norwegens, der Finnmark, angesiedelt. Davon zeugen bis heute die seltsamen Ortsnamen, die, trotz einiger Versuche, sie norwegischer zu machen, samisch geblieben sind. Dieses Samisch, eine dem Finnischen ähnliche Sprache, wollte die norwegische Regierung lange Zeit abschaffen. Samen-Kinder mußten in norwegische Schulen gehen; sie sollten der norwegischen Denk- und Lebensweise angepaßt werden. Im 18. Jahrhundert bedeutete das in erster Linie eine Übernahme des pietistisch-christlichen Glaubens anstelle des einfachen Naturglaubens, der nicht klar genug unterscheidet zwischen Gut und Böse.

Diese Zeiten einer vermeintlichen Aufklärung sind vorbei, inzwischen unternimmt der norwegische Staat alles, um Brauchtum und Kultur dieser Randgruppe zu bewahren. Sprachkurse in Samisch werden im Rundfunk und an Schulen angeboten. Die Samen sollen ihre eigene Sprache wieder lernen und sprechen können. Und die Samen besinnen sich wieder auf ihre Wurzeln. Heute leben höchstens noch 10 Prozent der 20 000 norwegischen Samen von der Rentierzucht und davon führen nur die wenigsten ein Nomadendasein. Viele Samen haben sich an der Küste oder an Flüssen niedergelassen und führen ein Leben wie andere norwegische Fischer und Kleinbauern auch. Die meisten aber streben nach einer Ausbildung in modernen Berufen. Ihre Traditionen wollen sie aber bewahren. Immer mehr Samen schreiben Bücher über ihre einstige Kultur und versuchen, sich ihrer kulturellen Identität zu versichern.

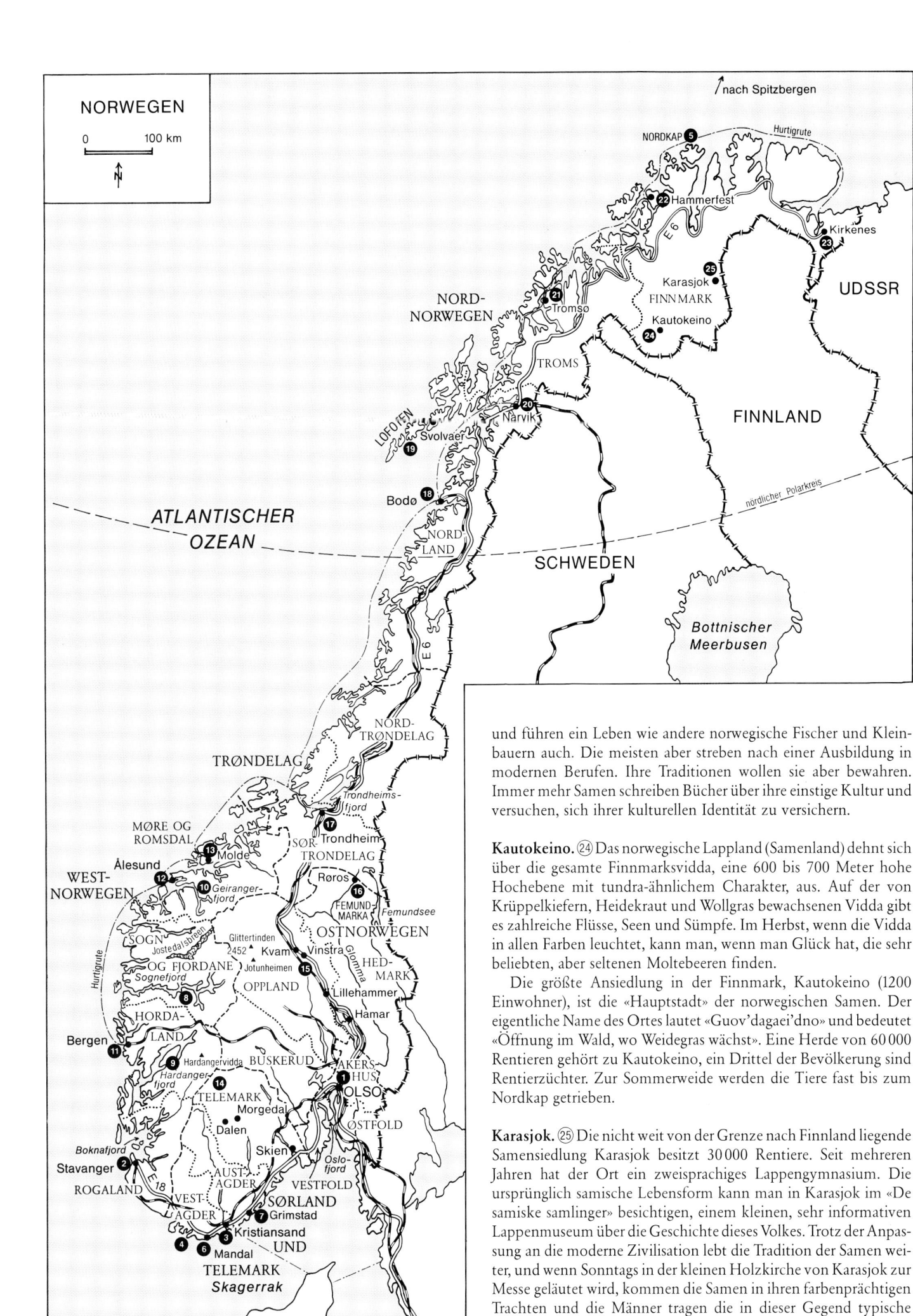

Kautokeino. ㉔ Das norwegische Lappland (Samenland) dehnt sich über die gesamte Finnmarksvidda, eine 600 bis 700 Meter hohe Hochebene mit tundra-ähnlichem Charakter, aus. Auf der von Krüppelkiefern, Heidekraut und Wollgras bewachsenen Vidda gibt es zahlreiche Flüsse, Seen und Sümpfe. Im Herbst, wenn die Vidda in allen Farben leuchtet, kann man, wenn man Glück hat, die sehr beliebten, aber seltenen Moltebeeren finden.

Die größte Ansiedlung in der Finnmark, Kautokeino (1200 Einwohner), ist die «Hauptstadt» der norwegischen Samen. Der eigentliche Name des Ortes lautet «Guov'dagaei'dno» und bedeutet «Öffnung im Wald, wo Weidegras wächst». Eine Herde von 60 000 Rentieren gehört zu Kautokeino, ein Drittel der Bevölkerung sind Rentierzüchter. Zur Sommerweide werden die Tiere fast bis zum Nordkap getrieben.

Karasjok. ㉕ Die nicht weit von der Grenze nach Finnland liegende Samensiedlung Karasjok besitzt 30 000 Rentiere. Seit mehreren Jahren hat der Ort ein zweisprachiges Lappengymnasium. Die ursprünglich samische Lebensform kann man in Karasjok im «De samiske samlinger» besichtigen, einem kleinen, sehr informativen Lappenmuseum über die Geschichte dieses Volkes. Trotz der Anpassung an die moderne Zivilisation lebt die Tradition der Samen weiter, und wenn Sonntags in der kleinen Holzkirche von Karasjok zur Messe geläutet wird, kommen die Samen in ihren farbenprächtigen Trachten und die Männer tragen die in dieser Gegend typische Sternmütze.

Register

Kursive Ziffern verweisen auf Abbildungen.

Aisoroaivve 130
Akershus → Oslo
Aksla 146
Ålesund *50/51*, 111, 145, 146
Alkohol 25, 26
Alta *14*, *124*, *130*
Altenelv 96
Amundsen, Roald *29*, 151
Åndalsnes 145
Archangel 96, 105
Asbjørnsen, Per Christian 32
Aurdal *24*
Aurland 147
Austvågøy (Lofoten-Insel) *97*

Båreninsel 95
Balholmen *15*
Bandakkanal 146
Bergbau 42, 148, 150, 154
Bergen 60, 76, *94*, 105, 112, *116*, 118, 119, 120, 137
– Bergenhus (Festung) 118
– Bryggen-Museum 145
– Calfaritpromenade 118
– Deutsche Brücke *61*, 118
– Dom 119
– Fantoft (Stabkirche) 145
– Fischmarkt *74/75*, 145
– Fløyen (Turm) 145
– Fløyenban 145
– Gamla Bergen (Museum) 145
– Håkonhalle *76*
– Hauptmarkt 119
– Rasmus-Meyers-Samlinger 145
– Sveresborg (Festung) 118
– Trollhaugen 145
– Ulriken 119
– Vågen (alter Hafen) 145
Berlevåg 96
Bernadotte, Jean Baptiste 137
Bjørnson, Bjørnstjerne 6, 13, *28*, 41, 146
Bodø 149
Bojer, Johan 150
«Bokmål» 32
Borgund *54*
Bosekop 96
Brandt, Willy *44*, *45*
Bratelli, Trygve *44*, 48
Bremangerland 111, 112

Brudesløret (Wasserfall) 138
Brundtland, Gro Harlem 48

Carl von Dänemark → Håkon VII.
Christian IV. 79, 137
Christiania (siehe auch Oslo) 65, 69, *72/73*, 79, 112
Christianisierung 16, 25, 148, 151
Christiansund 111
Christie, Wilhelm Frimann Koren *27*

Dänemark 25, 26, 32, 137
Dalen 146
De syv søstre (Wasserfall) 138
Deutschland 26
Dombås 148
Drachenboot *14*, *15*, 16
Drammen 70
Drøbak *34*, *35*

Eckersund 120
«Edda» 13
EG (Europäische Gemeinschaft) 48
Eicheninsel 111
Eidsvoldbakken 112
Eidsvoll 26, *27*
Eismeer 11, 95
Elistranda *17*
Emigration 41
England 14
Enthaltsamkeitsbewegungen 25, 26
Erdöl 48, 137
Erik Blutaxt 16
Europastraße 6 *53*, *82/83*, *133*

Fagernes *117*
Faldbakken, Knut *45*, 48
Falkberget, Johan 148
Falsen, Christian Magnus *27*
Farsund 120
Fauske 149
Femundmarka 148
Femundsee 148
Finnmark *12*, 65, *117*, 154, 155
Finnmarksvidda *152*, 155
Finnskogen 147
Finse 147

Fischfang 11, 12, 137, 149, 150, 151
Fiskumfoss 111
Fjordbauern 6, 11, 12
Fjorde 89, 138
– Adventsfjord 151
– Altenfjord 96, 105
– Boknafjord 137
– Drammensfjord 70
– Geirangerfjord 138
– Hafsfjord 16
– Hardangerfjord 76, 90, *92/93*, 138, 146
– Kaafjord 96
– Langfjord *12*, *53*
– Lingenfjord 96
– Lustafjord *52*
– Lyngenfjord *11*, *110*
– Lysefjord 137, *145*
– Naerøyfjord *67*
– Namsenfjord 111
– Nordfjord *62/63*, *67*, 90
– Ofotfjord 150
– Oslofjord 137
– Porsangerfjord *121*, *128/129*
– Quenangerfjord 106
– Reinefjord *88/89*, *100/101*
– Saltfjord 149
– Sognefjord *52*, 90, 112, 138, 147
– Stavangerfjord 137
– Sunndalsfjord *46*
– Trollfjord 150
– Trondheimsfjord *10*, *18–20*
– Tyngenfjord 66
– Varangerfjord *124*
– Veitastrondsvatnet *17*, *56/57*
– Vilnesfjord *55*
Flagstad, Kirsten *45*
Flakstadøya *7*
Fleckefjord 120
Folgefonde 95
Friaren (Wasserfall) 138
Frieden von Kiel 26, 137
fulle rettigheter 26

Gabarek, Jan *45*, 48
Galdhøpiggen 147
Gatekjøkken 12
Gausta 146
Geiranger 138
Geitebotnfjell *21–23*
Glittertinden 147

156

Glomma 147
Golfstrom 6, 65, 95, 111, 146
Gorsvatten 90
Gorsvingane 90
Grieg, Edvard *28*, 32, 48, 138, 145, 147
Grimm, Gebrüder 32
Grimstad 137
Grøtsund 96
Gudbrandsdal 32, 147
Gulbranssen, Trygve 148
Gyda 16

Håkon (Haakon), König 14
Håkon V. 137, 138
Håkon VII. 26, 27, *28*, 47
Håkon Magnus, Prinz *45*
Hamar *81*, 147, 148
– Kathedrale 25
Hammerfest 65, 95, 96, 105, 106, *106*, 151, 154
Hamsun, Knut *29*, 32, 41, 42, 47, 137
Hanse 112, 145, 150
Haparanda 96
Harald (I.) Schönhaar 16
Harald, Kronprinz *45*
Hardangerjøkul 146
Hardangervidda 12, 146, 147
Hedmark *81*, *84/85*, 88
Henningsvaer *100/101*, 150
Heyerdahl, Thor *31*, 138
Himingen 80
Hiterdal 80
Hiterdalkirche 89
Hiterdalsee 80
Holberg, Ludvig 145
Holmenkollen 68, *141*, *143*
– Schanze *30*, 138
Honningsvåg *46*
Hornelen 111
Hornklove (Skalde) 16
Hougsund 70
Hurtigrute 149, 150, 151, 154
«hytta» 12

Ibsen, Henrik 26, *28*, 32, 41, 42, 137, 146, 148
Irland 14
Island 13, 16

Jagd 11, 12, 151
Jansons, Mariss 48

Jederen 120
Jensen, Sørre *43*
Johansen *29*
Jostedalsbreen *56–58*, 138, 146, 147
Jotunheimen *18/19*, 146, 147
Judvangen *67*

Kaafjordverk 96
Karasjok 155
Karasjokka-Fluß *117*
Karl XIV. Johan 137
Karlsø (Insel) 96
Kaupanger *64*
Kautokeino *13*, 96, *126/127*, 155
Kirche (Staats-) 25
Kirkenes 149, 154
Kongsberg 69, 79
Krauß, Ferdinand 65
Kristiania → Christiania, → Oslo
Kristiansand 120, 137
Kvam 147
Kvassheim *192*

Laagen 79
Labskaus 12
Landhandel 6
Lappen *110*, *124–127*
Lappland (Samenland) 96, 154, 155
Lillehammer 147
Lindesnes (Leuchtturm) 137
Lionaes, Aase *45*
Lofoten (Inseln) 7, 65, 96, *97–104*, *116*, *118*, 149, 150, *151*
Lofotfang 150
Lomper 12
Longyearbyen 151
Loppen (Insel) 96
Lotefoss 90
Luther, Martin 25, 32
Lyngen (Halbinsel) 96

Magerøya (Insel) *45*, 106, *125*, *134/135*
Mandal 120, 137
Martha Louise, Prinzessin *45*
Måsø 106
Maursund 96
Mehwald, Friedrich 95
Meråker *42*

Meridianlinie 105
Mitternachtssonne 65, 149, 151, 154
Mjøsa 147
Mjøsasee 147, 148
Moe, Jørgen 32
Molde 77, 111, 146
Morgedal 146
Morgenstern, Christian 13
Moskenesøya (Lofoten-Insel) *97*, 151
Munch, Edvard 26, *28*, 137, 138
Muonio 96
Muonionisko 96
Mythologie, nordische 16

Naerødal *91*
Namsos 111
Nansen, Fridtjof *29*, 138
Napoleon I. 26
Narvik 42, 150
NATO 47
Nida 148
Nidaros → Trondheim
Nobile, Umberto 151
Nordkap 65, 66, 95, 96, 105, 106, *133*, 137, 149, 155
Nord-Norge-Bussen 149
Nørholm (Gutshof) 137
Normannen 14, 25, 96
Nowaja Smelja (Inseln) 96, 106
Nynorsk 32

Odda *92/93*
Odin 16
Olav (I.) Tryggvason 16, 148, 149
Olav (II.) Haraldsson, der Heilige 16, 148
Olav V. *45*, 47
Olden *14*
Olsnes *146*
Ørtind 111
Oslo 26, *33–40*, *71*, 137, 138
– Aker Brygge *114*, *139*
– Akershus 137, 138, *142*
– Bygdøy 70, *71*, 138, *138*
– Bymuseum 137
– Framhuset 138
– Fridtjof-Nansen-Platz *35/36*
– Frognerparken *34*, 137, 138

- Frognerseteren (Restaurant) 138
- Hauptbahnhof 137
- Historisches Museum *39*
- Karl Johans Gate *40*, *44*, *69*, 137
- Kon-Tiki Museum 138
- Löwenhügel 137
- Nationalgalerie 138
- Nationaltheater 137, *143*
- Nordmarka 138
- Pipervika (Hafen) *33*, 138, *139*
- Rathaus *33*, *116*, 138
- Roald Amundsen Gate 138
- Schloß *34*, *40*, *69*, 137, *143*
- Storting (Parlament) *115*, 137, *140*, *142*
- Universität *35/36*, *38*, 137
- Uranienborg Kirche *143*
- Westbahnhof *39*, *139*

Østerdalen 147
Øystein Magnusson, König 150

Peer-Gynt-Hof 147
Pest 26
Pietismus 25, 26
Polarkreis 6, 149
Polarlicht *136*
Polarnacht 6, 11
Pomorhandel 151
Postschiff 65, 66, 67
Prekestolen *145*
Protestantismus 25

Qualø (Insel) 105
Quänen 96

Raftsund 66
Reformation 32, 148
Reine *98/99*, *100/101*

Risør *113*
Rømmegraut 12
Rorbuer 150
Røros 148, *149*
Røst (Insel) 96, 149
Rotsund 96
Rypdal, Terje 48

Saltfjell 149
Schiffahrt 49, 67, 68
Schiffsbau 25
Schlacht bei Stiklestad 16
Schottland 14
Schweden 26
Seljestad 95
Skaidi 131
Skien 146
Skutvik 150
Slettefjell *18/19*
Snorri Sturluson 13, 14, 16
Sognefjell
Sonja, Kronprinzessin 45
Spitzbergen 95, 105, *107*, 151
Stabbur (Vorratshaus) 70
Stadt (Vorgebirge) 95, 111
Stavanger 47, 120, 137
- Kathedrale 25, 137
Stavkirke (Stabkirche) 25, *54*, *64*, *71*, 89
Stjernesund 96
Stødi 149
Storslett *133*
Struve, Friedrich Georg Wilhelm 105
Svalbard → Spitzbergen
Svartisengletscher *108/109*
Svolvaer (Lofoten-Insel) *7*, 150
Sylene *42*

Talvik 96
Telemark 69, 79, 80, 146
Threnan 96

Tin-Elf 80
Tin-Foss 80
Torneo 96
Tracht, norwegische 78
Trolle 31, 32, 147
Trollstraße (Trollstigen) *144*, 145
Tromsø 96, 105, *132*, 150, *151*
- Eismeerkathedrale *150*, 151
- Tromsø-Brücke 151
- Tromsøysund 151
Trondheim 16, 65, 66, 95, 106, 111, 120, 147, 148, 149
- Fischmarkt (Ravnkroa) 149
- Hafen *53*
- Kristiansten festning 149
- Marktplatz (Torget) 149
- Munkholmen (Insel) 149
- Munksgatan 149
- Nidaros-Dom 16, 25, *49*, 137, 148, *148*
- Stiftsgården 149
Tvinnefoss *86/87*

Undset, Sigrid *28*
UNO 48

Vadsø 65, 105
Værøy (Insel) *96*
Vandø (Insel) 96
Vestvågøy (Lofoten-Insel) *97*, 116, 150
Vigeland, Gustav 138
Vinmonopolet 26
Vinstra 147

Walfang 11, 66
Weltkrieg, Erster 42
- Zweiter 31, 42, *44*, 47, 48, 138, 150, 154
Wikinger 14, *14*, *15*, 16, 25, 26, 138
- Schiffahrt *14*

Quellen- und Bildnachweis

Orthographie und Interpunktion der Anthologietexte folgen den benutzten Ausgaben:

Ferdinand Krauß: Von der Ostsee bis zum Nordkap. Eine Wanderung durch Dänemark, Norwegen und Schweden, mit besonderer Rücksicht auf Kunst- und Culturgeschichte, Sage und Dichtung. Neutitschein, Wien und Leipzig 1888

Friedrich Mehwald: Nach Norwegen! Leipzig 1858.

Farbteil:
Fritz Dressler, Bremen: S. 38 u., 39 u., 50/51, 61, 62/63, 81, 82/83, 84/85, 86/87, 88, 97, 98/99, 100/101, 102/103, 104, 126, 127

Hauke Dressler, Bremen: S. 17, 18/19, 20/21, 22/23, 24, 33, 34, 35, 36/37, 38 o., 39 o., 40, 49, 52, 53, 54, 55, 56/57, 58, 59, 60, 64, 121, 122/123, 124, 125, 128/129, 130, 131, 132, 133, 134/135, 136

Schwarzweißteil:
Archiv für Kunst und Geschichte, Berlin: S. 28 o. (3), 29 o., 43, 45 l.o., 76 o.

Bildarchiv Bucher, München: S. 14 l., 14 r.o., 27 (2), 66, 67, 68, 78 (4), 110 u. (2)

Willy Brandt, Bonn: S. 44 o.

Fritz Dressler, Bremen: Haupttitel, 7, 8/9, 11, 13, 114 u., 116, 117 u., 118, 142 o., 152/153, 154

Hauke Dressler, Bremen: S 10, 12, 46, 47, 112, 113, 114 o., 115, 117 o., 139, 140/141, 143, 144, 146, 147, 151

Ingeborg Katzschke, Reinfeld (Sammlung Wilhelm Dreesen, Hofphotograph): S. 70, 71, 72/73, 74/75, 77 o., 90, 91, 92/93, 94

Landesbildstelle Hamburg (Sammlung Hans Breuer, Hamburg): S. 15, 42, 76 u., 77 u., 106, 107, 108/109, 110 o.

Nordis picture pool GmbH, Essen: (Peter Bünte): S. 14 r.u., 142 u., 145, 148, 149, (Uwe Marschel): S. 138, 150

Ringier Dokumentationszentrum, Zürich: S. 28 u. (3), 29 u. (3), 30, 31, 45 l.M.

Roger-Viollet, Paris: S. 69, 78 l.o.

Schneekluth Verlag, München: © Isolde Ohlbaum, München: S. 45 l.u.

Süddeutscher Verlag, Bilderdienst, München: S. 44 u., 45 r.o. und u.

Die Karte auf S. 155 wurde von Astrid Fischer, München, angefertigt.

Reisebildbände von Bucher

Vier Bücher in einem:
Bildband – Essay – Anthologie – Reiseführer

Jeder Band 112 bis 160 Seiten, davon 48 bis 70 brillante Farbbildseiten im Großformat 24×30 cm bis zu 100 Schwarzweißabbildungen. Pläne und Karten mit Polyglott-Reiseführer oder ausführlichem Reiseteil.

SCHWEDEN
Fritz Dressler
Hauke Dressler

Bernd Henningsen
Otto Michael Schneider
Bucher

Allgäu
Photographie: P. Schmid
Text: G. Köpf, M. Spöttl, M. Kittel

**Andalusien
Costa del Sol**
Photographie: W. Puchner
Text: W. Haubich

**Barcelona
Costa Brava
Costa Dorada**
Photographie: M. Thomas
Text: S. Weidemann

Berner Oberland
Photographie: M. Thomas
Text: S. Golowin, G. Reinisch

Bodensee
Photographie: R. Gerth
Text: W. Vogel, M. Walser, M. Kittel

Bornholm
Photographie: F. Dressler
Text: M. Eysell

**Bremen
Bremerhaven**
Photographenteam
Text: H. Gutmann

Finnland
Photographie: F. Dressler
Text: E. Winkler, O. M. Schneider

Florenz
Photographie: H. Mante, G. P. Müller
Text: B. Molajoli

Florida
Photographie: J. Betz
Text: H.-E. Gross

**Die Französische
Atlantikküste**
Südwestfrankreich von der Loire zu den Pyrenäen.
Photographie: T. Droste, M. Thomas
Text: T. Droste

Gardasee · Verona
Photographie: E. H. Ruth
Text: E. Hess

Hamburg
Photographie: S. Hinderks
Text: B. Allenstein, A. Ohrenschall

Hannover
Photographie: A. M. Mosler
Text: G. Buchholz

Der Harz
Photographie: J. H. Neumann
Text: M. Neumann-Adrian

Hawaii
Photographie: R. Eisele
Text: M. Fiedler

Holland
Photographie: U. Müller-Moewes
Text: G. C. Vieten

Hongkong
Photographie: I. Lloyd
Text: R. Spurr

Irland
Photographie: H. Mante
Text: S. Weidemann

Istanbul
Photographie: G. P. Müller
Text: M. Neumann-Adrian, Ch. K. Neumann

Kanarische Inseln
Teneriffa · Gran Canaria · Lanzarote · Fuerteventura · La Palma · Hierro · Gomera.
Photographie: F. Dressler
Text: S. Weidemann

Korsika
Photographie: E. H. Ruth
Text: H. R. Fabian

Kuba
Photographie: J. Betz
Text: H.-E. Gross

Ligurische Küste
Photographie: M. Thomas
Text: E. Knorr-Anders

Lissabon
Photographie: G. P. Müller
Text: G. A. Himmel

London
Photographenteam
Text: R. Hill

Madrid · Toledo
Photographie: K. Brenning
Text: W. Haubrich

**Mallorca · Menorca
Ibiza · Formentera**
Photographie: W. Strache
Text: C. Sánchez

Mexiko
Photographie: H.-U. Comberg
Text: J. Klebranz

Neuseeland
Photographie: M. Reinhard
Text: H. Gaertner

Norwegen
Photographie: F. und H. Dressler
Text: L. Schneider

Ostfriesland
Photographie: A. Wehner
Text: D. Hartlap

Philippinen
Photographie: R. Toussaint
Text: R. Siebert

Provence
Photographie: H. F. Kammermann, G. P. Müller
Text: H. Fink, A. Pletsch

Pyrenäen
Photographie: M. Thomas
Text: R. J. Raddatz, T. Droste

San Francisco
Photographie: G. P. Müller
Text: W. J. Fuchs

Sardinien
Photographie: G. P. Müller
Text: B. Benedikt

Schottland
Photographie: H.-J. Aubert, U.-E. Müller
Text: R. Hill

Schwarzwald
Photographie: A. Käflein
Text: J. Lodemann

Schweden
Photographie: F. u. H. Dressler
Text: B. Henningsen, O. M. Schneider

Thailand
Photographie: M. Thomas
Text: B. Benedikt

Tirol · Südtirol
Photographie: M. Thomas
Text: R. Baedeker

Zypern
Photographie: G. P. Müller
Text: K. Liebe

Änderungen vorbehalten.